RECUEIL

DE PLANCHES,

SUR

LES SCIENCES,

LES ARTS LIBÉRAUX,

ET

LES ARTS MÉCHANIQUES,

AVEC LEUR EXPLICATION.

IMPRIMERIE
RELIURE

A PARIS,

AVEC APPROBATION ET PRIVILEGE DU ROY.

PAPETERIE.

CONTENANT QUATORZE PLANCHES, DONT UNE DOUBLE.

PLANCHE Iere.

LA vignette repréſente l'aſpect de tous les bâtimens de la manufacture royale de Langlée près Montargis, vus du côté du canal de Montargis.

DE canal de Montargis. A branche de communication au baſſin qui eſt entre deux aîles & vis-à-vis le grand bâtiment. G pont ſur l'entrée du courſier du moulin à affiner. B pont ſur l'entrée du courſier du moulin à éfilocher. V aîle dans laquelle eſt la ſalle, &c. X aîle dans laquelle eſt l'attelier des liſſeuſes. m m deux maſſifs de maçonnerie fondés ſur un radier commun. Ils ont chacun deux rainures dans leſquelles on laiſſe couler des madriers pour former un batardeau, lorſqu'on veut mettre le baſſin à ſec. On voit dans le lointain & au dehors du mur de clôture différens bâtimens qui ſervent de logement aux ouvriers. Le mur de clôture du côté du canal de Montargis, eſt ſuppoſé abattu pour laiſſer voir les bâtimens.

Bas de la Planche.

Il repréſente en perſpective cavaliere tout le rouage d'un des moulins de la manufacture, le même que les Planches V. VI. VII. repréſentent ſous un autre aſpect deſſiné ſur une échelle une fois & demie plus grande. Toute cette machine eſt vue du côté d'aval. On a ſupprimé à une des moitiés la caiſſe antérieure pour laiſſer voir les palliers Z qui portent l'un le tourillon de l'arbre horiſontal B C de la roue à aubes, & l'autre, le pivot de l'arbre vertical Y Z du rouet horiſontal t ou T, qui conduit les lanternes des cylindres. Le terrein eſt auſſi ſuppoſé coupé pour laiſſer voir le courſier D G par où l'eau s'écoule après avoir fait tourner la roue.

A D la roue à aubes. R r rouets verticaux. B C arbre de la roue & des rouets. S lanterne ſur l'arbre vertical. T t rouets horiſontaux. I N cylindres à découvert dans leurs cuves. P M cylindre recouvert de ſon chapiteau. K K cuves à cylindre vuides.

PLANCHE Iere. bis.

La vignette repréſente l'attelier des déliſſeuſes.
Fig. 1 & 2. Déliſſeuſes. A, B, C caiſſes.
Le bas de la Planche repréſente le plan général de la manufacture de Langlée.
A communication qui fournit l'eau du canal de Montargis au baſſin. B G baſſin. B D, G H courſiers. E F moulin pour éfilocher. K L moulin pour affiner. M M M M pourriſſoir & dérompoir. N N N lieu où l'on colle le papier. P R eſcaliers en tour ronde pour monter dans les deux étages ſupérieurs qui ſervent d'étendoirs. Le grand bâtiment a 64 toiſes de long & 8 de large. S X aîle de 25 toiſes de long & huit de large, dans laquelle eſt le magaſin des chiffons & l'attelier des déliſſeuſes. T V autre aîle dont le rez-de-chauſſée forme la ſalle. Les manſardes de ces deux aîles ſervent de ſupplément aux étendoirs qui occupent toute l'étendue des deux étages du grand bâtiment. X V pavillons où ſont pratiqués différens logemens.

PLANCHE II.

La vignette repréſente le pourriſſoir qui eſt voûté & tout conſtruit en maçonnerie.
K le bacha où l'on fait tremper le chiffon. D C tuyau qui apporte l'eau dans le bacha. E porte de communication du dérompoir avec le pourriſſoir. G, H places où on laiſſe fermenter la mouillée. A pelle pour laiſſer perdre l'eau du bacha. L ouverture pratiquée à la voûte, & qui répond aux caſes où le chiffon déliſſé eſt mis en dépôt, & par laquelle on le jette dans le bacha.

No. 16.

Bas de la Planche.

Partie du plan d'un moulin à maillets dont la roue reçoit l'eau pardeſſus. On a ſeulement repréſenté deux piles garnies chacune de quatre maillets.
A B l'arbre tournant garni de ſes levées ou cames. C C C, D E la roue à augets. F D canal qui amene l'eau ſur la roue. 1, 2, 3, 3, 5 grand achenal qui diſtribue l'eau dans les piles. 3, 4; 3, 4 gouttieres qui conduiſent l'eau du grand achenal dans les fontaines 4, 4, 4, d'où elle paſſe dans les piles. M M pile. 8, 9, 10, 11 maillets. 6, 6 couliſſes qui aſſujettiſſent le kas. 7 le kas. L L ſabliere dans laquelle les gripes de derriere ſont aſſemblées. H, H gripes de derriere. K K chevilles baſtieres qui aſſemblent les gripes avec le corps de la pile. 12, 13, 14, 15, 16 gripes de devant, ou guides des maillets. G G G ſolles qui ſupportent la pile & la ſabliere.

PLANCHE III.

La vignette repréſente le dérompoir.
Fig. 1, 2, 3. Dérompeurs. a a a leurs faux. b claie.
4 & 5. Petits garçons qui apportent le chiffon qu'ils ont été prendre dans l'une des mouillées du pourriſſoir. e f marteau & tas pour battre les faux.
Le bas de la Planche repréſente le profil du moulin à maillets.
B arbre tournant garni de cames ou levées C C C C. D F canal qui amene l'eau ſur la roue E. 5 grand achenal ſupporté par des taſſeaux ſcellés par un bout dans le mur, & ſoutenus par l'autre bout par les gripes de devant. 5, 4 gouttiere par laquelle l'eau coule du grand achenal de la fontaine 4. M la pile coupée en travers par le milieu de ſa longueur. 8 maillet. K cheville baſtiere. H gripe de derriere. L ſabliere. G G ſolles, dans leſquelles la pile & la ſabliere ſont encaſtrées. Ces deux pieces ſont auſſi entaillées pour recevoir la ſolle.

PLANCHE IV.

La vignette repréſente le moulin à maillets en perſpective. Ce moulin eſt compoſé de trois piles chacune garnie de quatre maillets qui doivent lever les uns après les autres.
E la roue à augets. F D canal qui amene l'eau ſur la roue. 1, 2, 3, 3, 5 grand achenal. B arbre tournant. M pile & trous par où l'eau s'écoule après avoir traverſé le kas. K cheville baſtiere. H gripe de derriere garnie de ſes crochets pour ſoutenir les maillets. L ſabliere. G G ſolle. a quatre maillets tenus élevés par les crochets des gripes; ils répondent à la pile à éfilocher. b quatre maillets en train de battre pour affiner. c quatre maillets de la troiſiéme pile, auſſi en train de battre pour détremper la matiere avant de paſſer dans la cuve à ouvrer. Ces derniers maillets ne ſont point ferrés par le bout; on a ſeulement repréſenté trois piles & douze maillets pour éviter la confuſion, quoiqu'il puiſſe y en avoir un plus grand nombre.

Bas de la Planche.

Fig. 2. Maillet repréſenté plus en grand.
3. Elévation en face du maillet, & plan de la ferrure.
4. Une des gripes de derriere garnie de ſes crochets.
5. Engin ou levier par le moyen duquel on abaiſſe l'extrêmité des queues des maillets pour les tenir élevées au moyen des crochets des gripes.
6. Platine de fer fondu, qui eſt placée au fond de la pile, & ſur laquelle les maillets frappent.
7. Coupe longitudinale d'une pile par le milieu de ſa largeur.
8. Le kas ou tamis à-travers lequel l'eau s'écoule.

9. Coupe tranfverfale d'une pile par le milieu de fa longueur.

PLANCHE V.

Cette Planche repréfente le plan général d'un moulin à cylindre entouré de fes fix caves.

A B roue à aubes. Il y en a 32. R r rouets verticaux armés de 49 aluchons. B c arbre commun à la roue & aux deux rouets. S s lanternes de 32 futeaux. T t rouets horifontaux. I N L cylindres à découvert dans leurs cuves. P M cylindres recouverts de leurs chapiteaux. K cuve à cylindre vuide pour laiffer voir la platine. V caiffe de marbre fervant de dépôt, à découvert. X caiffe de marbre couverte de fon dôme. G D courfier.

PLANCHE VI.

Cette Planche repréfente l'élévation du moulin vu en face du courfier.

A D roue à aubes. m cric pour relever la pelle. G pelle qui ferme le courfier. B C arbre de la roue & des rouets. R rouet vertical. S lanterne. T rouet horifontal. Y Z fon arbre. F F Y beffroi ou cage de charpente. k N cylindres recouverts de leurs chapiteaux. L cylindre à découvert. H H crics. Les étages fupérieurs font les étendoirs.

PLANCHE VII.

C'eft la coupe tranfverfale du grand bâtiment par le milieu du courfier.

A D la roue à aubes. R le rouet vertical. T le rouet horifontal. F G D le courfier de maçonnerie revêtu intérieurement de planches. G la pelle. m le cric qui fert à lever la pelle. R S T cage de planches qui renferme la roue à aubes. V élévation du dôme qui couvre une des caiffes de marbre fervant de dépôt. X élévation d'un des réfervoirs qui fourniffent l'eau aux cuves à cylindres.

Les étages fupérieurs font les étendoirs, & on y voit l'affemblage de toutes les pieces de charpente qui compofent une des vingt-une fermes qui foutiennent le comble du grand bâtiment. On y voit auffi l'élévation d'un des huit murs de refend, dont les baies font terminées par des ceintres qui prennent naiffance fur le plancher du fecond étendoir.

PLANCHE VIII.

Cette Planche contient les détails plus en grand d'une cuve à cylindre fur une échelle triple de celle des trois Planches précédentes pour les lignes paralleles, & fur une échelle double pour les lignes fuyantes.

Fig. 1. Chapiteau.
2. Gouttiere ou dalot.
3. Entonnoir du dalot.
4. Cylindre en perfpective.
5. Platine en perfpective.
6. Chaffis de fil de laiton.
7. Chaffis de crin.
8. Cuve à cylindre en perfpective.
9. Élévation du cylindre.
10. Profil du cylindre & de la platine.
11. Rable ou rabot pour remuer la pâte dans les **cuves** à cylindre, & dans les cuves à ouvrer.
12. Spatule fervant au même ufage.

PLANCHE IX.

La vignette repréfente l'attelier du formaire.
Fig. 1. Formaire qui tiffe une forme.
2. Ouvrier qui dreffe le fil de trame.

Bas de la Planche.

2. Dreffoir. D E outil garni de chevilles, fervant à courber le filigramme pour former des grappes de raifin.
3. Portion de forme, pour faire voir comment les chaînettes font formées.
4. Mains à vis pour tenir la forme en fituation.

5. Couverte vue pardeffus.
6. Forme vue pardeffus & à moitié achevée.
7. Couverte vue pardeffous.
8. Forme vue pardeffous & à moitié achevée.

PLANCHE X.

La vignette repréfente l'attelier où l'on ouvre le papier.
Fig. 1. Ouvreur qui leve dans la cuve une feuille de papier fur la forme.
2. Coucheur qui étend une flautre fur le papier qu'on voit en S *fig.* 5. avec laquelle il forme une pile R qu'on appelle *porce*.
3. Leveur qui retire le papier d'entre les flautres qui compofent la porce r.
4. Piquet ou chevalet fur la planche duquel le leveur applique les unes fur les autres les feuilles de papier s, à mefure qu'il les retire d'entre les flautres pour en compofer une porce blanche.

Bas de la Planche.

5. Elévation perfpective de la preffe à preffer les porces, vue de la place où fe met le coucheur.
6. Plan de la cuve à ouvrer, & de la preffe à porces.

PLANCHE XI.

La vignette repréfente l'attelier des colleurs.
Fig. 1. Ouvrier qui coule la colle à-travers la paffoire de laine qui eft pofée fur le couloir qu'on voit en D à côté de la poiffonniere A qui contient la colle filtrée.
2. Colleur qui trempe dans la colle une porce à la fois.
3. Ouvrier qui preffe douze porces qui ont été trempées dans le mouilloir, afin d'en faire fortir la colle fuperflue.

Bas de la Planche.

4. Elévation géométrale de la preffe des colleurs.
5. Porce telle qu'elle eft dans la colle, après qu'un des côtés a été trempé; c'eft le côté qui eft entre deux palettes.
6. Les trois palettes qui fervent au colleur.
7. Le panier qui entre dans la chaudiere, & dans lequel on fait cuire ou fondre la colle.

PLANCHE XII.

La vignette repréfente l'étendoir.
Fig. 1. Ouvrier nommé *étendeur de porces*, qui étend en page les porces fur les cordes de l'étendoir.
2. Ouvriere qui tient fon ferlet fur une porce collée, pour en étendre les feuilles une à une fur les cordes de l'étendoir.
3. Ouvriere qui fépare une à une les feuilles de papier pour les jetter fur le ferlet.

Bas de la Planche.

4. Elévation, plan, profil d'une des croifées de l'étendoir. Elévation & profil d'un des guichets.
5. Ferlet.
6. Bacholle montée fur fa brouette de fer, dont on fe fert pour tranfporter les matieres des caiffes de dépôt aux cuves à ouvrer.

PLANCHE XIII.

La vignette repréfente la falle.
Fig. 1. Papetiere qui épluche le papier.
2. Papetiere qui liffe le papier.
3. Petite fille qui plie le papier.
4. Compteufe qui affemble le papier par 25 feuilles, pour en former des mains.
5. Salleran qui preffe le papier.
Bas de la Planche.
Il repréfente en élévation & en plan la machine qui fait aller le marteau.

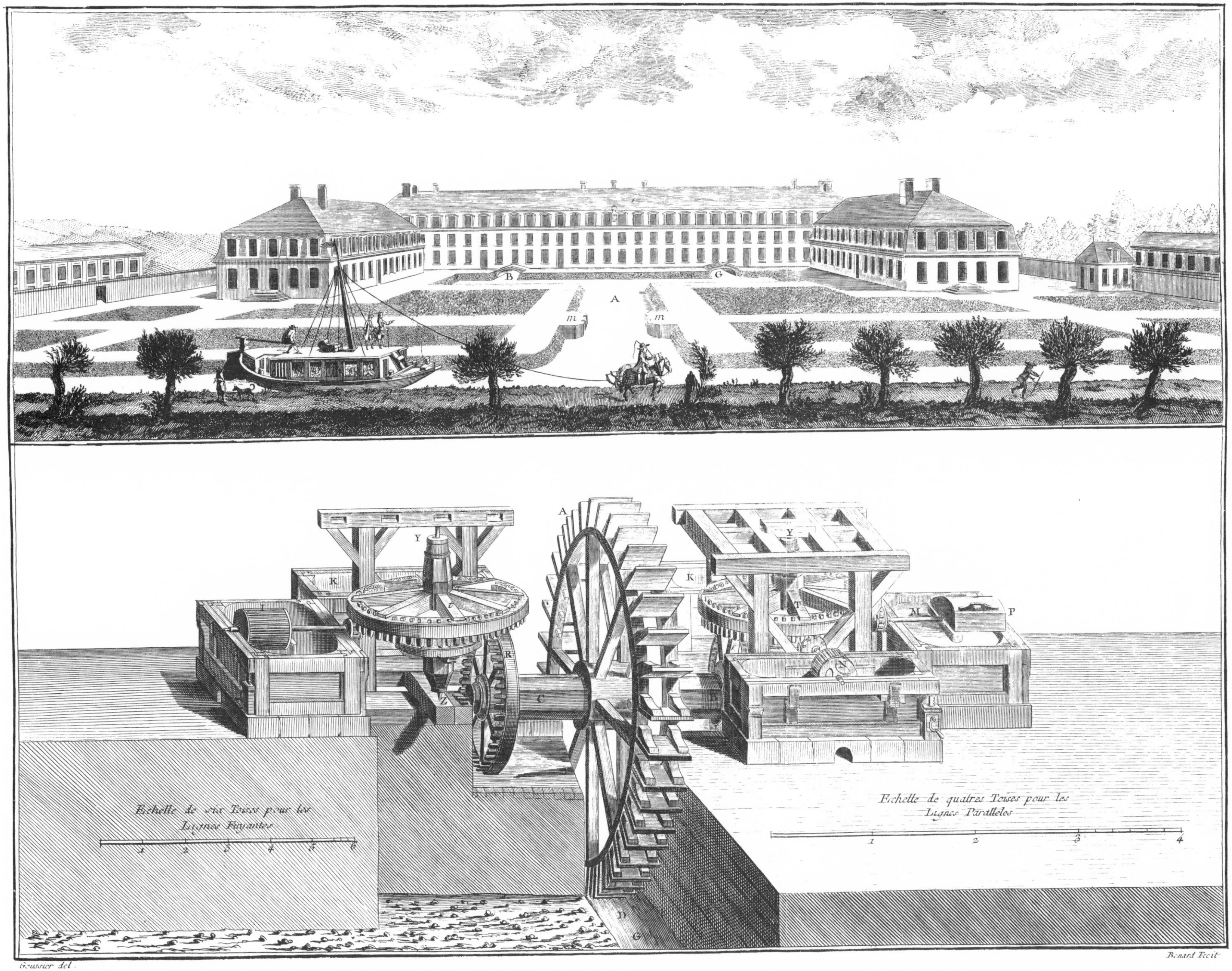
B
G
A
m
m
A
Y
K
I
t
R
Z
C
Y
K
T
M
P
B
I
D
G
Echelle de six Toises pour les
Lignes Fuyantes
1
2
3
4
5
6
Echelle de quatres Toises pour les
Lignes Paralleles
1
2
3
4

Goussier del.

Benard Fecit

Papetterie, Vue des Batiments de la Manufacture de l'Anglée, près Montargis. Vue du Rouage d'un des Moulins de cette Manufacture.

Pl. I. Bis

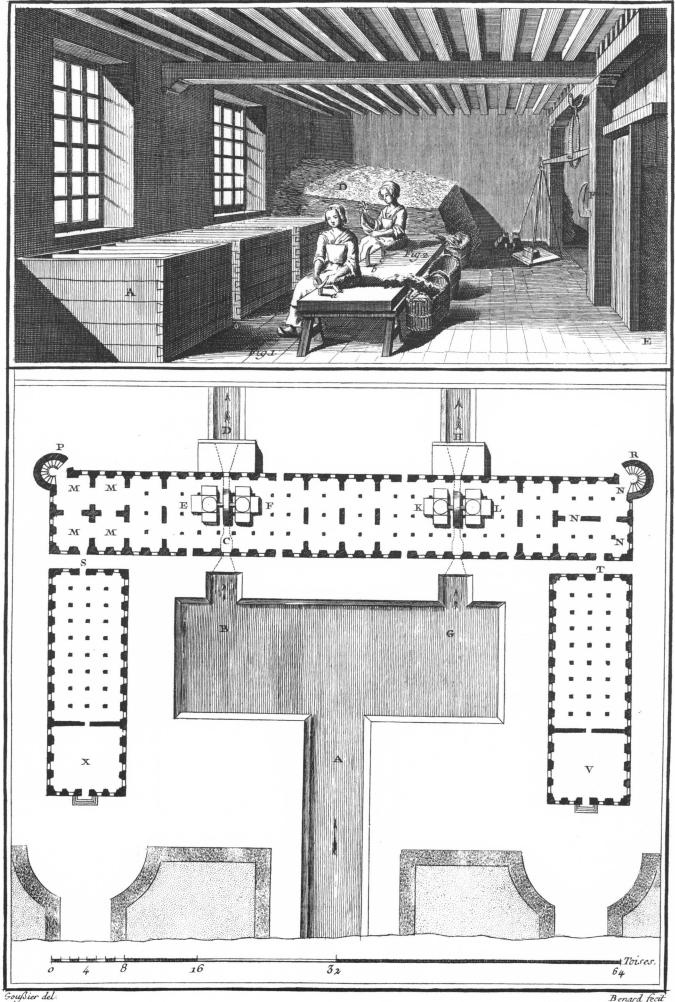

Goussier del.

Benard fecit

Papetterie, Délissage.

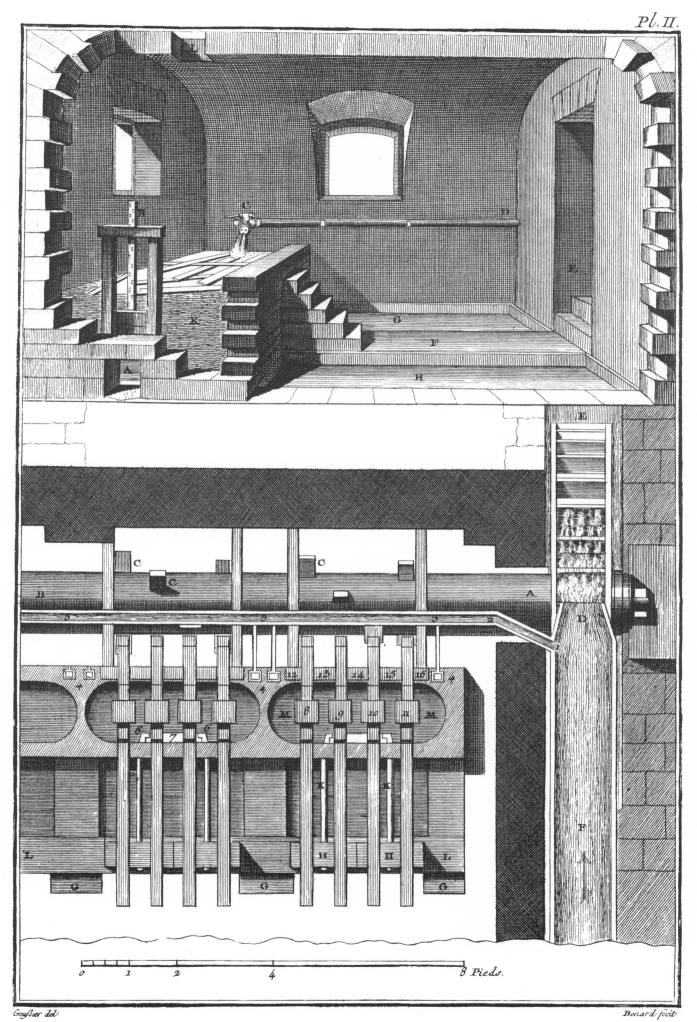

Pl. II.

Gouβier del.

Benard fecit.

Papetterie, Pourissoir.

Pl. III.

Papetterie, Dérompoir.

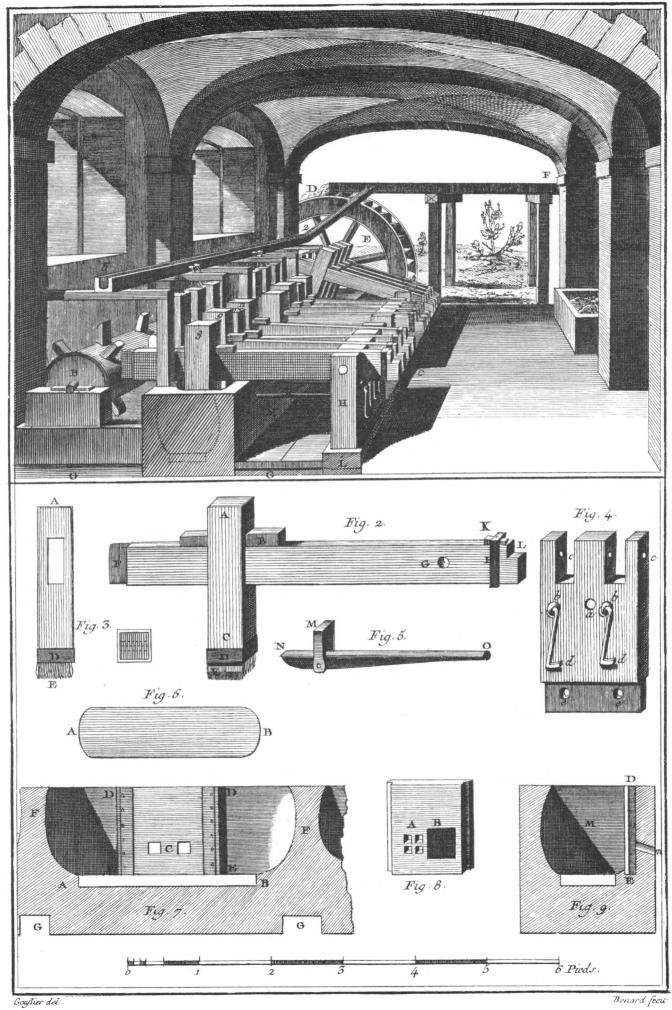

Pl. IV.

Fig. 2.

Fig. 3.

Fig. 4.

Fig. 5.

Fig. 6.

Fig. 7.

Fig. 8.

Fig. 9.

Goussier del.

Benard fecit.

Papetterie, Moulin `a Maillets.

Pl. V.

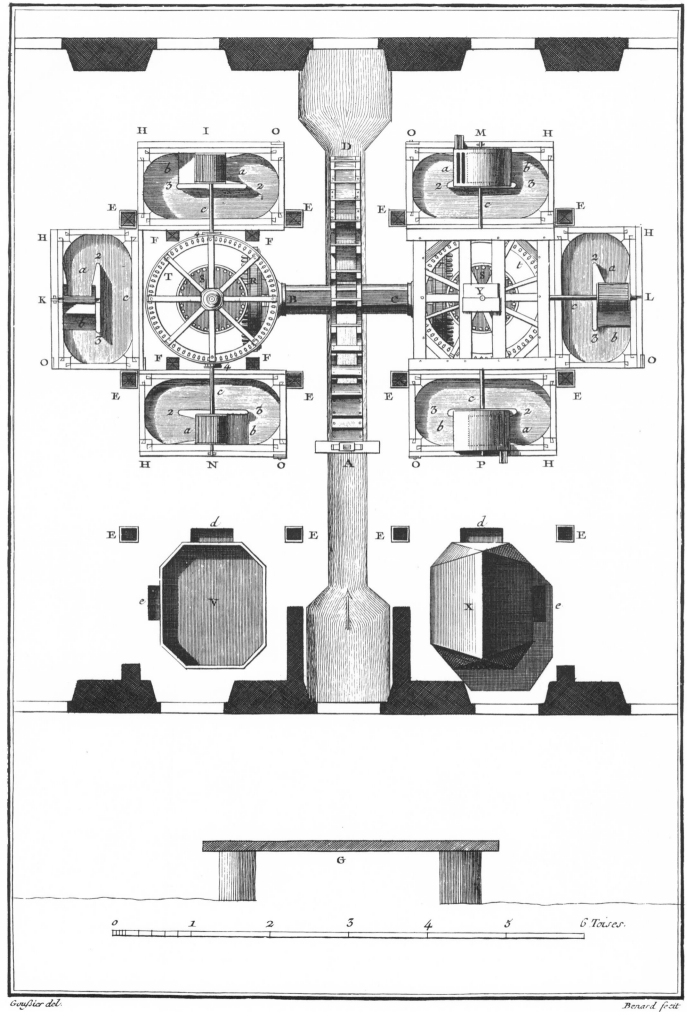

Goussier del.

Benard fecit.

Papetterie, Moulin en Plan.

Pl. VI.

Goussier del.

Benard fecit.

Papetterie, Moulin en Élévation.

0   1   2   3   4   5   6 Toises.

Pl. VII.

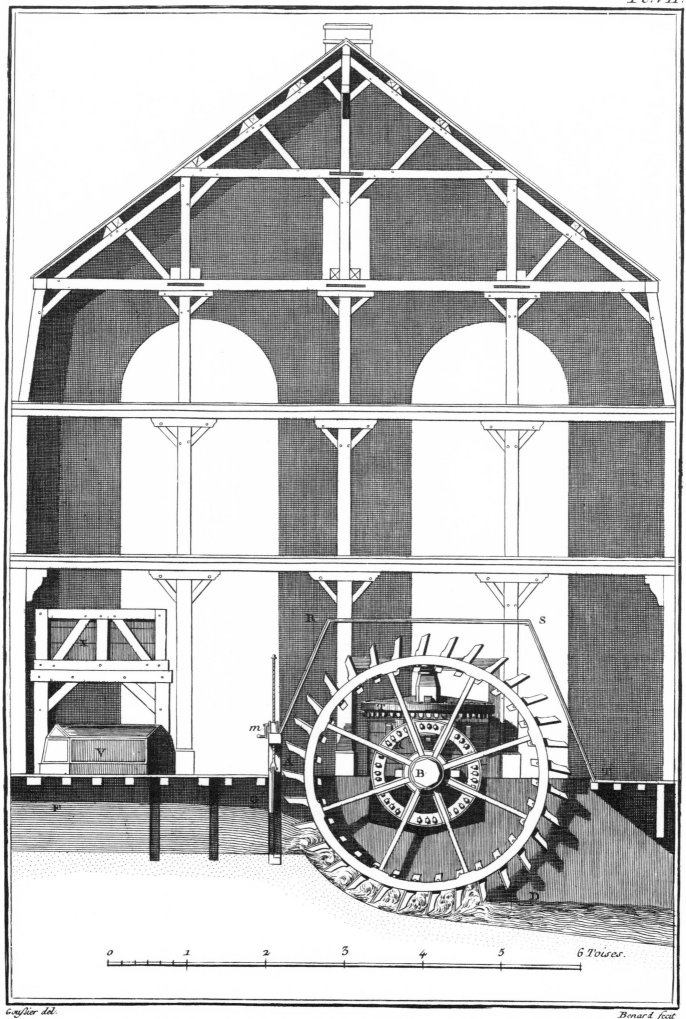

Goussier del.

Benard fecit.

Papetterie, Moulin en Profil.

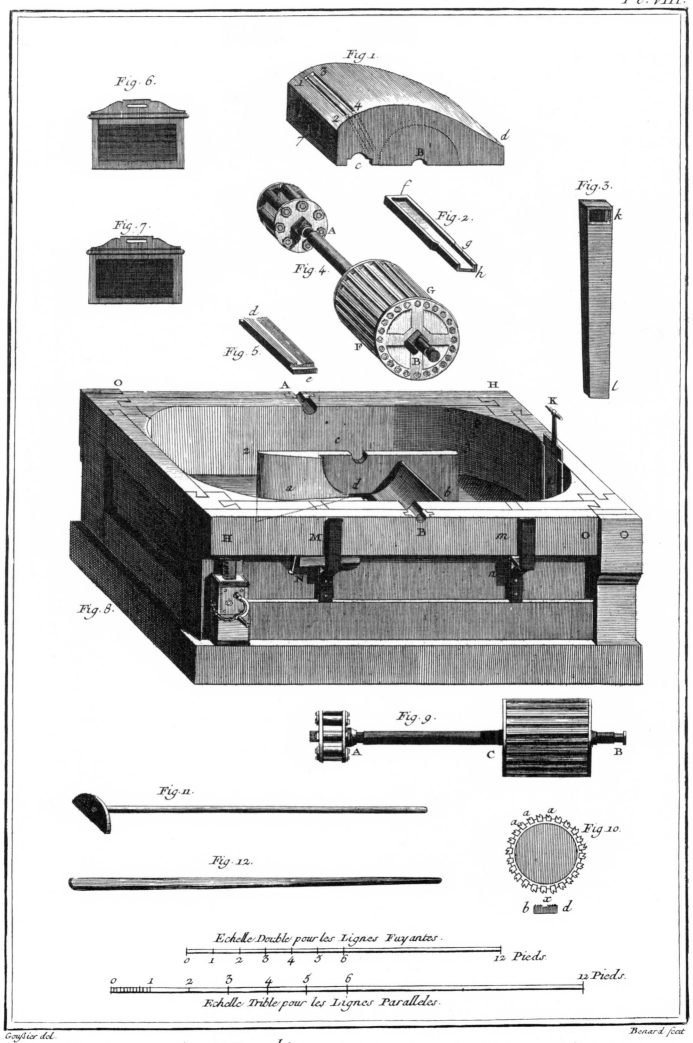

Pl. VIII.

Fig. 6.

Fig. 1.

Fig. 7.

Fig. 4.

Fig. 2.

Fig. 3.

Fig. 5.

Fig. 8.

Fig. 9.

Fig. 11.

Fig. 12.

Fig. 10.

Echelle Double pour les Lignes Fuyantes.

0 1 2 3 4 5 6   12 Pieds.

0 1 2 3 4 5 6   12 Pieds.

Echelle Trible pour les Lignes Paralleles.

Gouffier del.

Benard fecit.

Papetterie, Moulin, Détails d'une des Cuves à Cilindres.

Pl. IX.

Fig. 1.

Fig. 2.

Fig. 2.

Fig. 3.

Fig. 4.

Fig. 5.

Fig. 7.

Fig. 6.

Fig. 8.

o   3   6   12
0   1   2   3   4 Pieds.

Goussier del.

Benard fecit.

Papetterie, Formaire.

Pl. X.

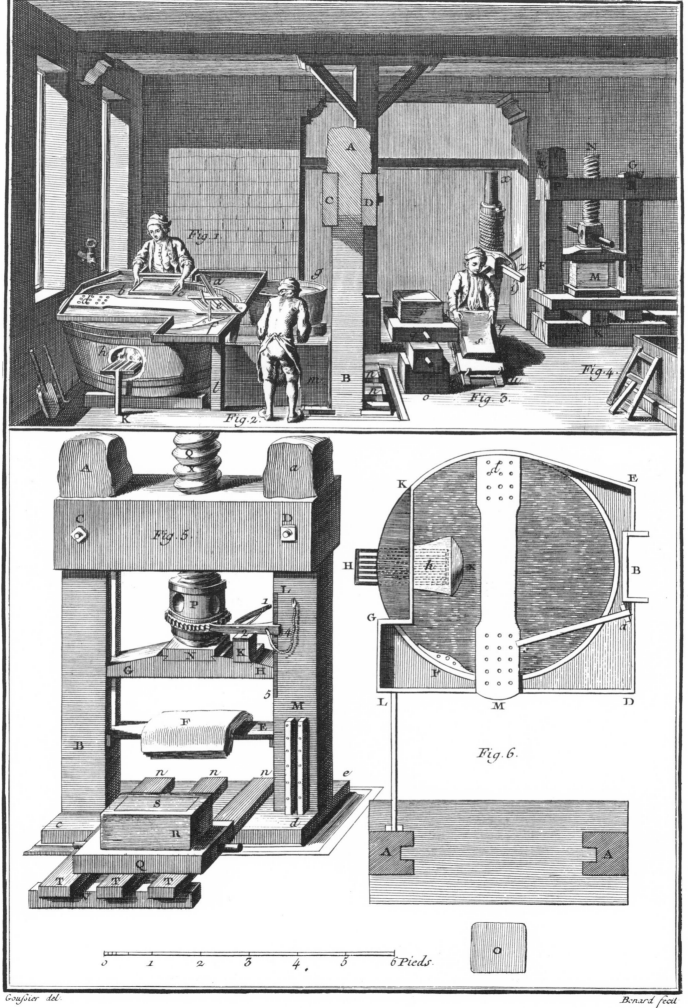

Papetterie, *Cuve à Ouvrer*.

Pl. XI.

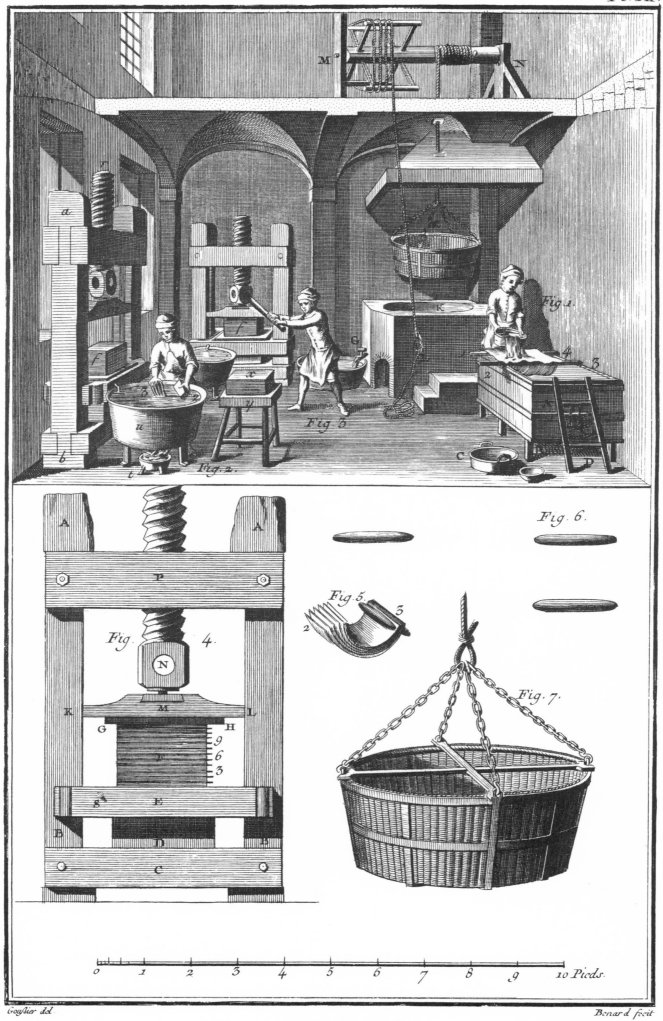

Papetterie, Colage.

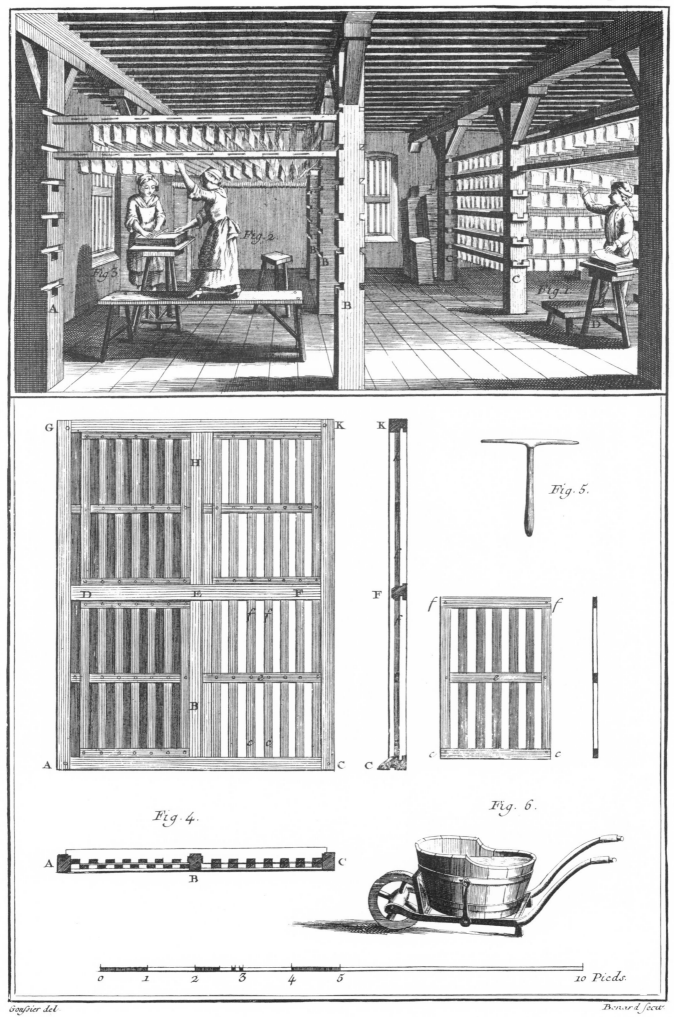

Pl. XII.

Fig. 5.

Fig. 4.

Fig. 6.

0   1   2   3   4   5   10 Pieds.

Goussier del.

Benard fecit.

Papetterie, Etendage.

Pl. XIII.

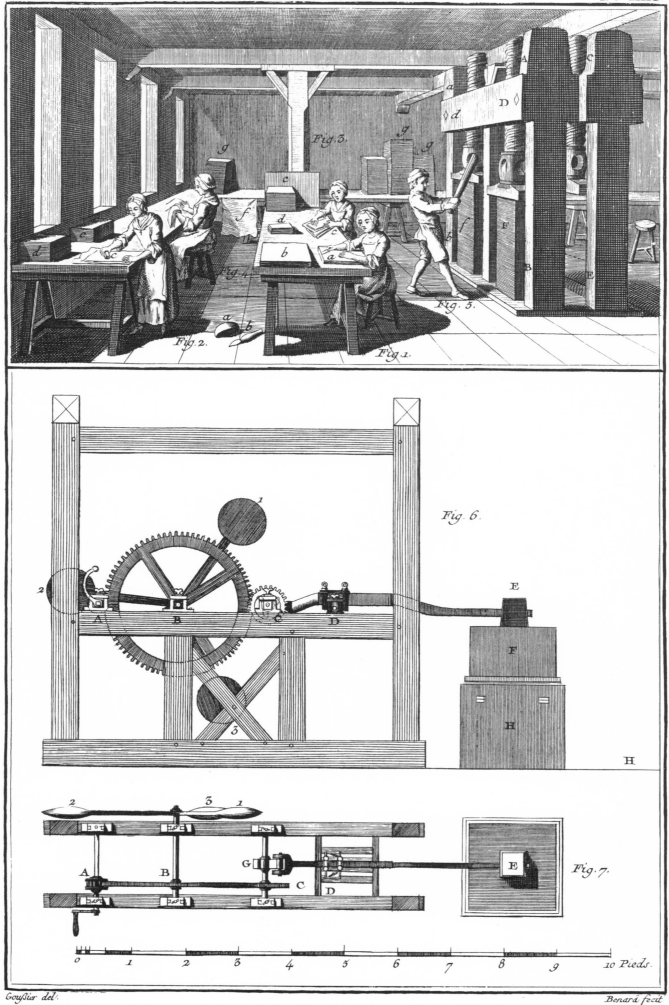

Goussier del.

Benard fecit.

Papetterie, La Salle.

FONDERIE EN CARACTERES D'IMPRIMERIE,

PRÉCEDÉE DE LA GRAVURE DES POINÇONS,

LES DEUX ARTS CONTENANT HUIT PLANCHES.

PLANCHE

De la gravure des poinçons.

La vignette représente l'intérieur d'un attelier dans lequel est une forge.

Fig. 1. Ouvrier qui forge un poinçon.

2. Ouvrier qui frappe le contre-poinçon sur l'acier du poinçon.
3. Ouvrier qui lime la partie extérieure de la lettre.

Bas de la Planche.

Fig. 1. n. 5, 2. Contre-poinçon de la lettre B.

2. Poinçon étampé par le contre-poinçon.
3. Poinçon de la lettre B entierement achevé, vû du côté du bas de la lettre.
4. Le même poinçon vû du côté du haut de la lettre.
5. Tas garni de ses deux vis, dans le creux duquel est un poinçon prêt à être étampé.
6. Equerre à dresser les faces des poinçons, posée sur la pierre à l'huile. 5, 1, les deux faces de l'équerre.
7. Equerre à dresser, posée sur la pierre à l'huile, & dans l'angle de laquelle est placé un poinçon. 5, 3, les deux faces de l'équerre.
8. Pierre à l'huile, enchassée dans un quarré de bois.

PLANCHE Iere.

De la Fonderie.

LA vignette représente l'intérieur d'une fonderie & plusieurs ouvriers & ouvrieres occupés à différentes opérations.

Fig. 1. Ouvriere qui rompt les lettres, c'est-à-dire, qu'elle sépare le jet.

2. Ouvriere qui frotte les lettres sur une meule de grès.
3. Ouvrier qui regarde si le régule d'antimoine est fondu dans le creuset qui est de fer ou de terre.
4. Ouvrier qui verse le mélange de plomb & de régule d'antimoine dans des lingotieres qui sont à ses piés.
5. Fondeur qui puise avec sa petite cuillere pour verser dans le moule qu'il tient de la main gauche.
6. Fondeur qui a versé dans le moule.
7. Fourneau.
8. Fondeur qui ôte l'archet de dessus la matrice, pour ouvrir le moule, & en faire sortir la lettre.

Bas de la Planche.

8. n. 2. Plan du fourneau & des trois tables qui l'environnent.
9. Cuillere du fourneau, à trois séparations.
10. Fourneau posé sur son banc.
10. n. 2. Grille du fourneau.
11. Banc du fondeur.
12. Taule, dite *feuille*, pour recevoir les égoûtures de la matiere.
13. Cuillere sans manche, & cuillere emmanchée.

PLANCHE II.

Où l'on voit le moule & toutes les pieces qui le composent.

Fig. 1. Le moule vû en perspective & du côté de la piece de dessus, à laquelle la matrice demeure suspendue, lorsqu'on ouvre le moule pour en faire sortir la lettre.

1. n. 2. Bois de la piece de dessous, vû du côté qui s'applique à la platine. On y a indiqué toutes les cavités qui reçoivent les écrous & autres parties saillantes, du côté extérieur de la platine de des-

18. Caracteres d'imprimerie.

sous, & l'emplacement de la chape du heurtoir.

1. n. 3. Bois de la piece de dessus, vû du côté qui s'applique à la platine. On y voit de même les cavités qui reçoivent les parties saillantes de la platine, & de plus le jobet dont le crochet *x* soutient la matrice par-dessous, & l'épinglet *y*, au-dessous duquel la matrice passe.
2. Platine de dessous garnie de toutes ses pieces, vûe du côté de l'intérieur du moule.
M, la matrice, posée par son autre extrémité sur le heurtoir, & par une de ses faces latérales contre le régitre, & en face sur le blanc & la longue piece.
3. Platine de dessus garnie de toutes ses pieces, vûe du côté de l'intérieur du moule.
E, la partie du régitre, qui s'applique contre la face latérale visible de la matrice M de la figure précédente. E, hausses.
4. Attache de la matrice. C'est une petite bande de peau de mouton.
5. Jet vû du côté intérieur.
6. Jet vû du côté extérieur.
A, la vis qui sert à le fixer à la platine, & à côté l'écrou de cette vis.

Suite de la Planche II.

7. *Premiere figure*, le blanc de la piece de dessus, vû du côté extérieur.
7. *Seconde figure* sous le même n. est le même blanc du côté qui s'applique à la longue piece.
d c, la cavité qui recouvre en partie le cran *a b*, *fig.* 17. ainsi que l'on voit, *fig.* 3.
7. n. 2. *La premiere figure* montre le blanc de la piece de dessous, vû du côté extérieur.
7. n. 2. *seconde figure* sous le même n. est le même blanc du côté qui s'applique à la longue piece.
Outre le trou quarré qui reçoit le tenon de la potence, on y voit le trou foncé & taraudé qui reçoit la vis *b* de la *fig.* 21. Le semblable trou paroît à la *seconde figure* du n. précédent.
8. Matrice de quadrats, vûe du côté qui s'applique sur le heurtoir & la longue piece.
9 & 10. Les potences & leurs écrous.
11. Matrice d'espaces dont la partie horisontale se place entre le régitre, le blanc & la longue piece de la partie de dessus du moule.
12 & 13. Matrice d'une lettre, de l'm, par exemple, vûe sous deux différens aspects.
14. Blanc de la piece de dessous, avec la potence qui la traverse.
15. Blanc de la piece de dessus, avec sa potence.
16. Lettre telle qu'elle sort du moule.
17. La longue piece de la partie du dessous, vûe du côté de l'intérieur du moule. La semblable piece dans la partie de dessus n'en differe qu'en ce qu'il n'y a point de cran.
18. La même longue piece vûe du côté qui s'applique à la platine.
19. Régitres vûs, l'un en plan du côté extérieur, l'autre en perspective du côté intérieur.
20. Platine de la piece de dessous, garnie de toutes ses pieces, & séparée de son bois.
20. n. 2. La même platine dégarnie de toutes ses pieces, excepté du heurtoir, vûe du côté où les pieces s'appliquent.
21. La même platine garnie de toutes ses pieces, vûe du côté extérieur qui s'applique au bois, *fig.* 1. n. 2.
21. n. 2. Platine de la piece de dessus, dégarnie de tou-

tique ; le moule en cet état, la lettre fondue fera ce que l'on appelle *crenée* , & pourra porter son empreinte sur le papier plus près de celle de la lettre suivante, que si elle étoit fondue plus épaisse, ce que l'auteur de ces explications avoit négligé d'observer en composant l'art de la Fonderie des caracteres.

Le mot *Honneur* est séparé du mot *au* par une grosse espace, & celui-ci l'est de même du mot *ROI*, qui est de grandes capitales ; la justification de la ligne est faite par un quadrat ; la lettre I qui termine cette ligne est aussi une lettre crenée.

La troisieme ligne contient les mots *Salut aux* ARMES en caractere romain, la ligne commence comme la précédente par un quadratin & une fine espace ; suit l'S qui est capitale, & les lettres *alut* qui sont du bas de casse romain, ce mot est séparé du suivant *aux* par une grosse espace. Une semblable sépare le mot suivant ARMES, dont la premiere lettre est de grandes capitales & les suivantes RMES de petites ; enfin après le point la justification de la ligne est faite par deux fines espaces & un demi-quadratin ; on voit distinctement dans cette figure la hauteur du caractere & les biseaux qui sont au bas de la lettre ; le cran de toutes ces pieces est tourné du côté de la ligne supérieure.

PLANCHE II.

Suite de la Casse.

Fig. 1. Composteur démonté. *a b* partie du composteur à laquelle s'applique le pié de la lettre. *e d* partie du composteur sur laquelle on applique le côté du cran de la lettre. *b c* tête du composteur ; la partie inférieure est percée de différens trous pour pouvoir y placer la vis des coulisses , & varier par ce moyen les justifications. *f g* coulisse supérieure. *h k* coulisse inférieure.

2. Le composteur monté de ses deux coulisses. *c h* justification du texte d'un ouvrage. *h f* justification des additions (notes marginales) entre les deux coulisses du composteur. *m* la vis qui tient les coulisses en état ; le composteur est de cuivre ou de fer.

3. Composteur de bois : il y en a de différentes grandeurs. On prend la justification dans cette espece de composteur , en ajoutant des quadrats dans le blanc que laisse la ligne, en tête du composteur.

4. Ecrou de la vis du composteur en perspective.

5. Vis du composteur en perspective.

6. Ecrou du composteur en profil.

7. Vis du composteur en profil.

8. Visorion ; la pointe inférieure entre dans des trous pratiqués aux barres de la casse , comme on voit, *fig.* 1. Planche précédente.

9. Le visorion ou *visorium* sur lequel la copie ou manuscrit est fixé par deux mordans.

10. Fourreau du visorion ; c'est du papier qui l'entoure, pour empêcher la partie postérieure du mordant de glisser , & pour donner au visorion l'épaisseur que l'on veut.

11. Mordant en perspective.

12. Mordant en géométral.

13. Galée in-folio. A sa coulisse qui est en partie tirée hors de la galée.

14. Galée in-quarto posée obliquement , ainsi qu'elle doit être placée sur les petites capitales de la casse de romain ; elle est chargée de ces trois lignes de composition,

ALMANACH

ROYAL

M. DCC. LXVII.

On voit que la premiere lettre de la premiere ligne occupe l'angle inférieur *b* de la galée.

15. Galée in-douze. Cette galée n'a point de coulisse ;

elle sert aussi aux in-8°. & aux formats plus petits. Les galées sont retenues sur le plan incliné de la casse par deux chevilles placées postérieurement aux angles *a* & *b* ; ces chevilles entrent dans les cassetins & sont arrêtées par les reglets de bois qui les forment , ensorte que la galée ne peut glisser du haut vers le bas de la casse.

PLANCHE III.

Fig. 1. Casseau de lettres romaines disposé de la maniere qui est le plus en usage à Paris ; la partie ou casseau supérieur AB *b a* que l'on nomme *haut de casse*, contient les grandes & les petites capitales & les différens caracteres dont l'usage est le moins fréquent. La partie inférieure appellée *bas de casse*, contient les lettres minuscules qui se rencontrent plus fréquemment dans la composition des livres. La casse des lettres italiques a la même disposition que celle de romain.

2. La casse de romain & celle d'italique montées sur le rang de casses, en forme de pupitre. ABED les deux casseaux de romain. BCFE les deux casseaux d'italique ; les deux planches GH, *g g h h* qui sont au-dessous reçoivent les pages à mesure qu'elles sont composées. Pour la façon de les lier, *voyez* l'art. IMPRIMERIE.

PLANCHES IV. & V.

La grande casse grecque composée de six casseaux rangés en trois parties sur deux en hauteur & trois en longueur , comme les quatre casseaux de la figure précédente qui est composée de deux parties, la partie romaine & la partie italique.

Fig. 1. Pl. IV. premiere partie de la casse grecque composée de deux casseaux. Le casseau supérieur contient les lettres capitales, & les ligatures des lettres my, cappa & thêta. La partie inférieure contient les ligatures ou liaisons des lettres epsilon, delta, gamma & alpha.

2. Casseau supérieur de la seconde partie ; ce casseau contient les liaisons ou ligatures des lettres sigma-sigma, sigma-thêta, sigma & pi.

Pl. V. suite de la *fig.* 2. ou casseau inférieur de la seconde partie ; ce casseau contient les lettres simples & quelques abréviations, les espaces, accens, esprits, &c. qui se rencontrent dans les livres grecs ; cette partie est proprement le bas de casse vis-à-vis laquelle le compositeur se tient ordinairement placé.

3. Pl. V. Troisieme partie de la casse grecque qui se place à côté des deux précédentes ; le casseau supérieur de cette partie contient les ligatures ou liaisons du chi-thêta, du sigma-chi, du psi & du chi. Le casseau inférieur contient celle du tau, du sigma-tau , du sigma-pi, & plusieurs autres, ainsi que les quadrats & autres pieces nécessaires pour justifier les lignes. Presque toutes les lettres de la casse grecque occupent chacune deux cassetins, un supérieur & un inférieur, qui dans la *fig.* ne sont séparés que par une ligne ponctuée dans le cassetin supérieur destiné aux lettres crenées (nous avons expliqué ci-devant ce que c'est que lettre crenée). Nous avons fait graver la forme de la lettre grecque ou de la liaison d'après les caracteres de Robert Etienne , & dans le casseau inférieur qui contient la même lettre non-crenée, sa valeur en caracteres vulgaires : celles des lettres crenées qui ne sont pas placées au-dessus de la même lettre non-crenée , le sont en ligne horizontale , & le caractere grec précede toujours le cassetin dans lequel la valeur est écrite. Il n'y en a qu'un seul dans le casseau inférieur de la seconde partie, dans lequel nous n'avons pas pu écrire la valeur , ce cassetin étant rempli par deux ligatures qui sont ouka & oūk au-dessus d'*einai* dans le quatorzieme cassetin du second rang.

que l'ouvrier retient avec les doigts par le repli *k*, pour les garantir des égoûtures du métal.

L, coupe tranfverfale des moules à réglets & à interlignes. On y a ponctué les vis qui attachent les bois & les joues aux longues pieces. La lame s'enleve de deffus le moule avec une petite pince plate qui pince le jet de ladite lame.

Fig. 2. Moule à interlignes, inventé par M. Fournier le jeune, pour former de petites lames de métal, juftes en épaiffeur & en longueur, pour être mifes, dans le befoin, entre les lignes d'un caractere, pour les élaguer.

A, A, les deux pieces du moule, garnies de tout ce qui leur eft néceffaire.

B, jet, celui de la piece de deffous eft mobile; il eft retenu par une vis qui entre dans un écrou formé en-deffous dudit jet. Il excede la longue piece de toute l'épaiffeur de l'interligne, celui de la piece de deffus eft entaillé dans la piece même.

C, joues pour contre-tenir & emboîter les longues pieces, fur lefquelles elles font fixées par les vis apparentes. La joue de la piece de deffous eft dentelée de dix ou douze crans numérotés pour les diftinguer, lefquels reçoivent le coude du registre E de la piece de deffus, pour le fixer à la longueur que l'on veut.

D, longues pieces, entre lefquelles fe forme l'interligne I.

E, regiftre mobile que l'on fait monter ou defcendre, pour prendre le point fixe de la longueur de l'interligne, que l'intervalle des crans de la joue rendroit trop longue ou trop courte. Ce regiftre eft fixé fur la piece de deffus par la vis *e* qui entre dans l'écrou formé dans la longue piece.

F, talon retenu tranfverfalement au bout de la longue piece de deffus par la vis *f* qui entre dans un écrou formé dans ladite longue piece. Il excede le plan de cette piece, d'autant que le jet B de la piece de deffous, ce qui forme le vuide rempli par l'interligne I. Lorfque l'on veut changer l'épaiffeur de l'interligne qui eft ordinairement de demi ou de tiers de nompareille, on ajoute fous le jet B une hauffe qui eft retenue par la vis du jet fur la platine, comme au moule à réglets, puis on defcend le talon à la même hauteur, qui y eft affujetti par la vis *f*.

G, bois du moule, retenus chacun par deux vis fur les longues pieces, où on a formé les écrous pour les recevoir.

H, crochet pour tirer l'interligne du moule.

I, lame de l'interligne, d'où on a féparé le jet.

Voyez pour la connoiffance de l'art, & pour l'ufage de tous ces inftrumens, les articles *Caractere*, *Fonderie*, dans les Volumes publiés.

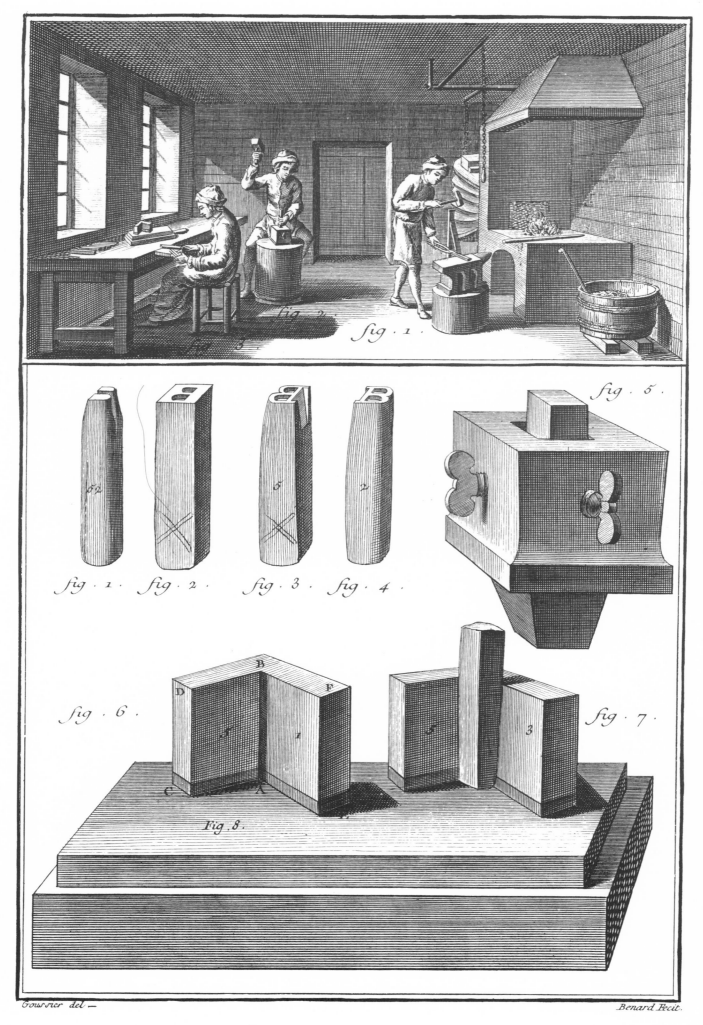

fig. 2. fig. 1.

fig. 5.

fig. 1. fig. 2. fig. 3. fig. 4.

fig. 6. fig. 7.

Fig. 8.

Goussier del.

Benard Fecit.

Fonderie en Caracteres

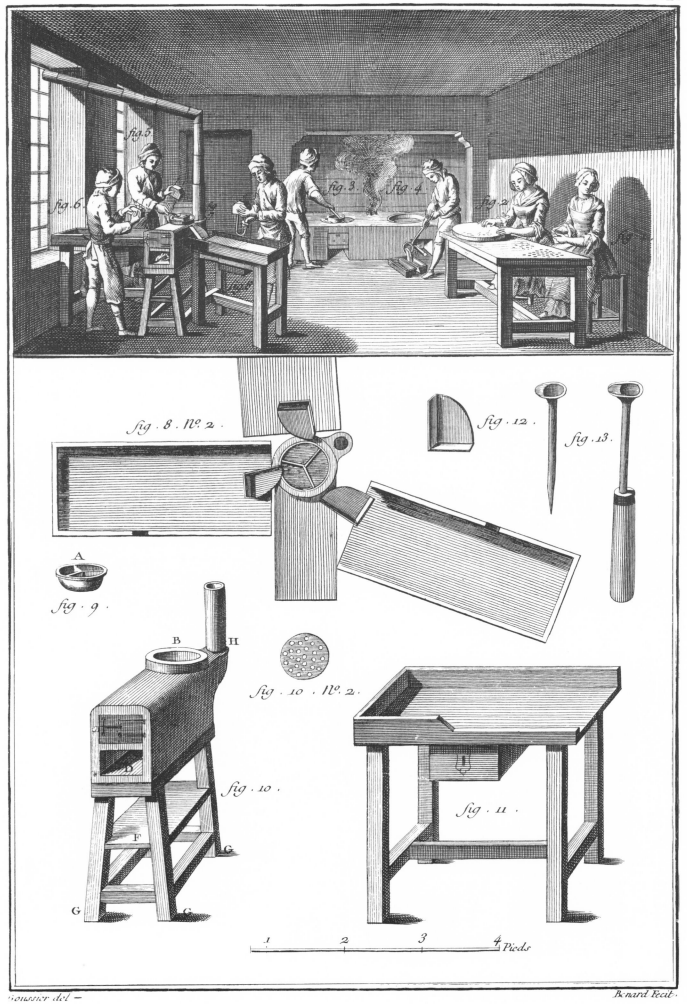

Pl. I.

fig. 5.

fig. 6.

fig. 3. fig. 4.

fig. 2.

fig. 8. N°. 2.

fig. 12.

fig. 13.

A

fig. 9.

B H

fig. 10. N°. 2.

fig. 10.

F

G

G G

fig. 11.

1 2 3 4 Pieds

Goussier del —

Benard Fecit.

Fonderie en Caracteres

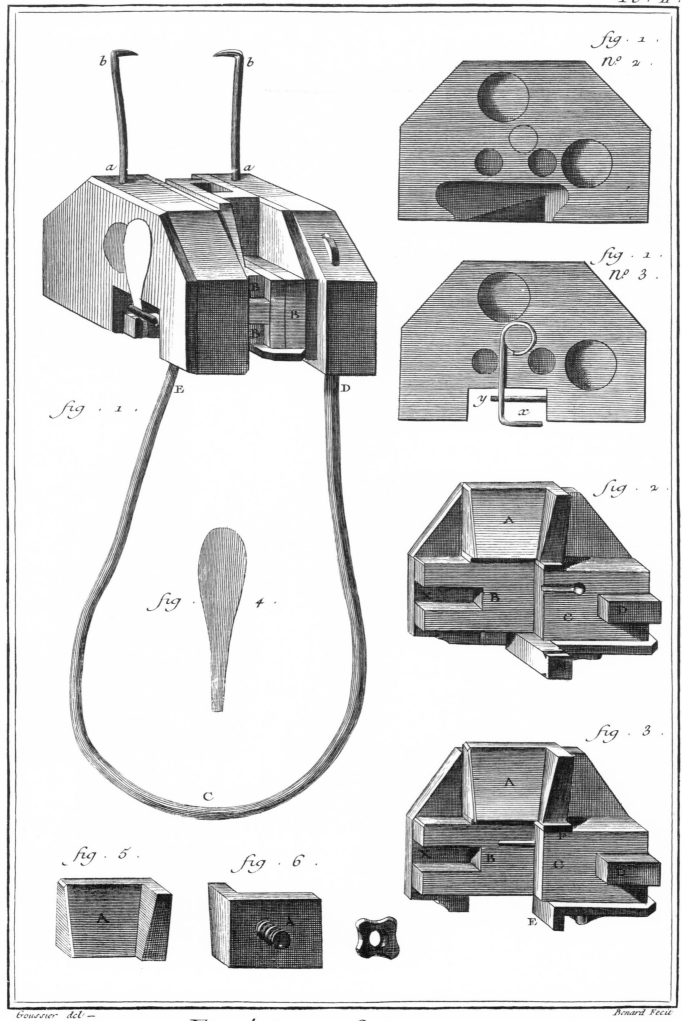

Pl. II.

fig. 1.
N° 2.

fig. 1.
N° 3.

fig. 1.

fig. 2.

fig. 3.

fig. 4.

fig. 5.

fig. 6.

Goussier del.

Benard Fecit.

Fonderie en Caracteres,

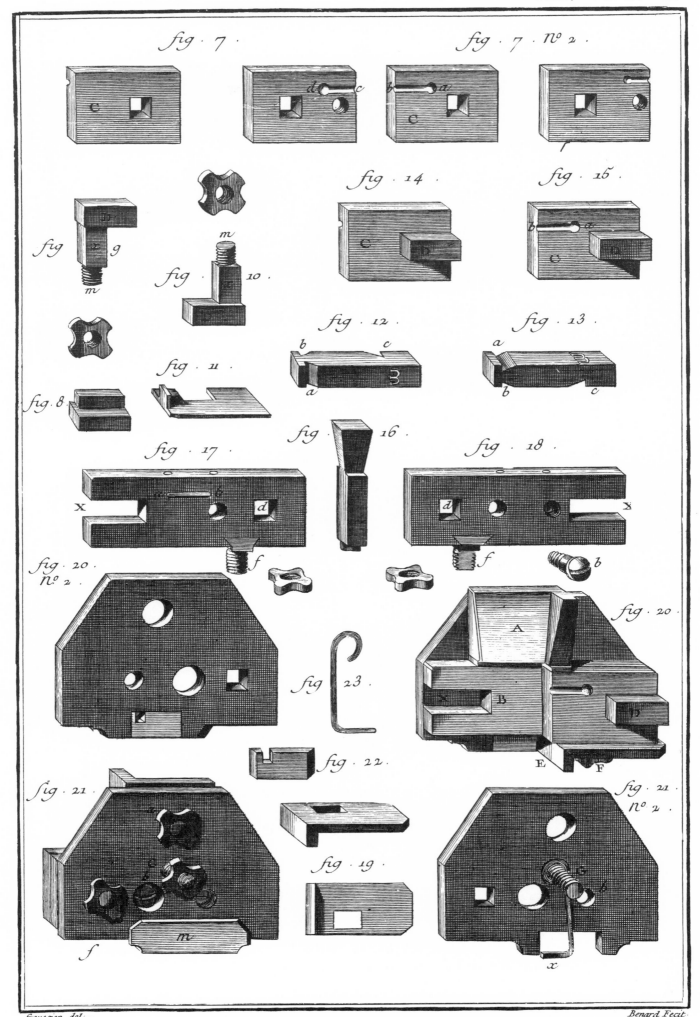

fig. 7.

fig. 7. N° 2.

fig. 14.

fig. 15.

fig. g.

fig. 10.

fig. 12.

fig. 13.

fig. 11.

fig. 8.

fig. 17.

fig. 16.

fig. 18.

fig. 20. N° 2.

fig. 23.

fig. 20.

fig. 22.

fig. 21.

fig. 19.

fig. 21. N° 2.

Goussier del —

Benard Fecit.

Fonderie en Caracteres

Pl. III.

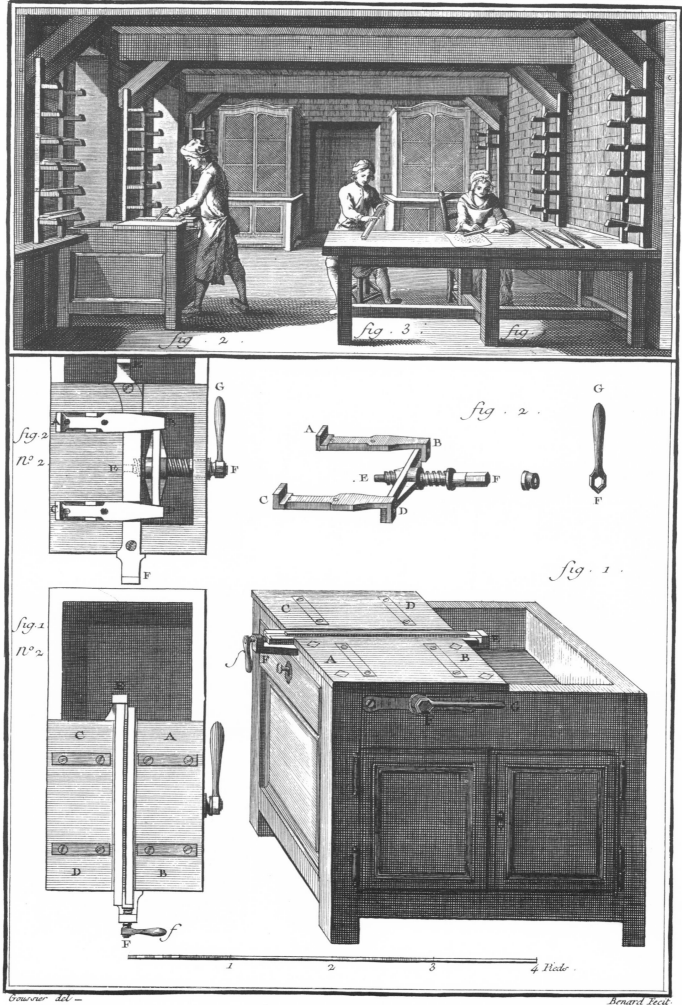

fig. 2.

fig. 3.

fig.

fig. 2.

G

A   B

E   F

C   D

G

F

fig. 1.

fig. 2
n.° 2

fig. 1
n.° 2

G

C   A

D   B

F   f

C   D

F   A   B

1   2   3   4 Pieds

Goussier del.

Benard Fecit.

Fonderie en Caracteres,

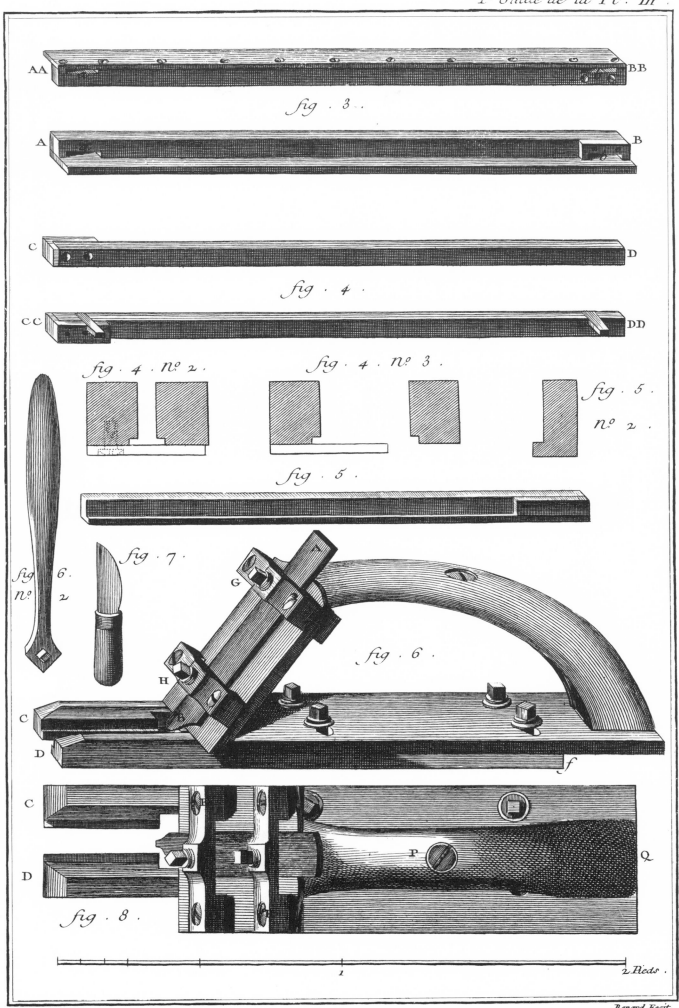

AA
BB

fig. 3.

A
B

C
D

fig. 4.

CC
DD

fig. 4. N.º 2.   *fig. 4. N.º 3.*   *fig. 5.*

N.º 2.

fig. 5.

fig. 7.

fig. 6.
N.º 2

G

H

C
D
f

C
D

P
Q

fig. 8.

1
2 Pieds.

Goussier del.

Benard Fecit.

Fonderie en Caracteres

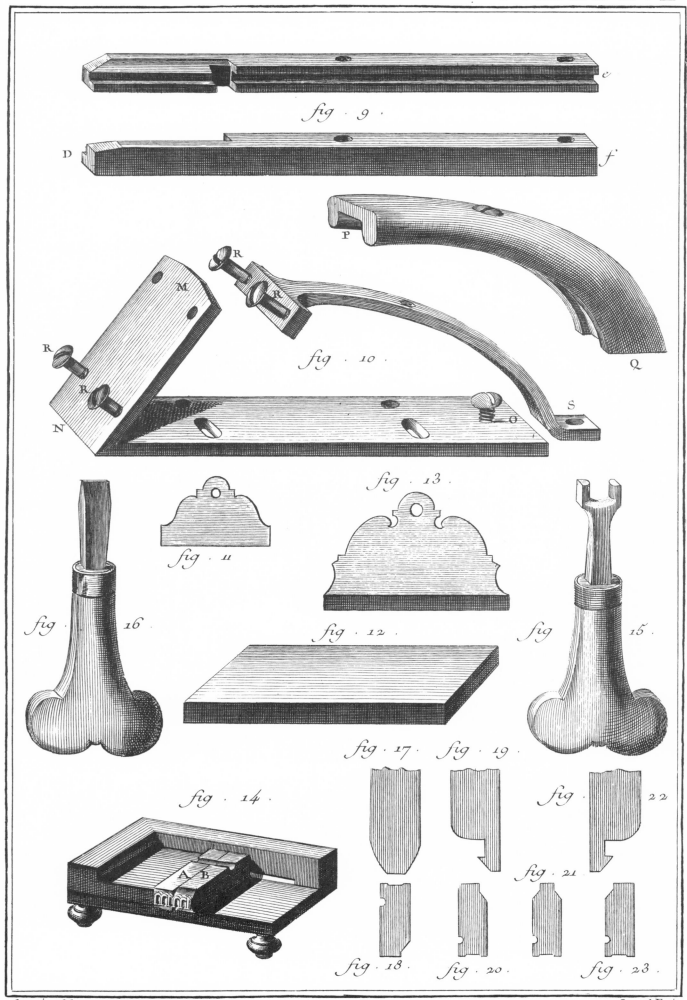

fig . 9 .

D   f

P

R

M

R   Q

R   S

fig . 10 .

R

N   O

fig . 13 .

fig . 11 .

fig . 16 .   fig . 12 .   fig . 15 .

fig . 17 .   fig . 19 .

fig . 22

fig . 14 .

A   B

fig . 21

fig . 18 .   fig . 20 .   fig . 23 .

Goussier del.   Benard Fecit

Fonderie en Caracteres

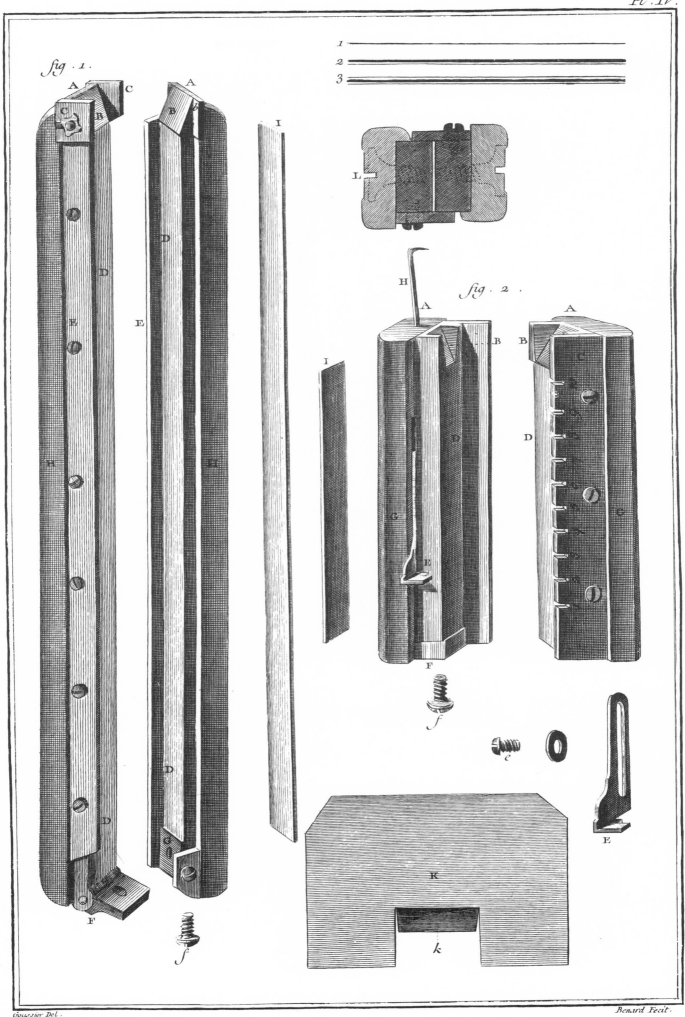

Pl. IV.

Fonderie de Caracteres, Moules a Reglets et a Interlignes.

IMPRIMERIE EN CARACTERES,

CONTENANT DIX-NEUF PLANCHES.

PLANCHE Iere.

LA Vignette repréfente l'intérieur d'une chambre, dans laquelle font les caffes, & plufieurs compofiteurs occupés à compofer. Cette chambre communique à une feconde piece dans laquelle font les preffes ; elle fera repréfentée dans une des planches fuivantes. On voit dans le fond du tableau la porte qui communique à cet attelier, & différentes tablettes fur lefquelles font placés les caffeaux des différents caracteres dont une Imprimerie doit être affortie. Au-deffous de ces tablettes font des armoires qui contiennent des paquets de lettres, vignettes, & les différentes garnitures & uftenfiles dont l'Imprimerie doit être fournie. On voit auffi près le plancher les différentes cordes fur lefquelles on étend le papier imprimé pour le faire fécher.

Fig. 1. Compofiteur qui place dans le compofteur qu'il tient de la main gauche, une lettre qu'il a levée de la main droite ; il paroît fixer la vue fur la copie qui eft tenue fur le viforion par le mordant qui l'embraffe.

2. Autre compofiteur qui tranfporte la ligne juftifiée de fon compofteur dans la galée, qui eft placée fur les petites capitales de fa caffe.

3. Autre ouvrier, qui après avoir impofé deux pages in-folio dans le chaffis, les taque avec le taquoir qu'il tient de la main gauche, pour abaiffer toutes les lettres également. Il frappe fur le taquoir, qui eft un quarré de bois, avec l'extrêmité du manche du marteau qu'il tient de la main droite. Le marbre où pierre très-unie fur laquelle il impofe, eft porté par une efpece de table (*pié du marbre*) dans laquelle font pratiqués différens tiroirs qui contiennent les chofes qui font à fon ufage. Près d'un des angles de cette efpece d'armoire on voit un chaffis in-folio, & de l'autre côté un chaffis fans traverfe (*barre*), que l'on nomme *Ramette*, dans lequel on impofe les affiches & autres ouvrages qui ne font point divifés en pages.

Bas de la Planche.

4. Contenant fept objets. *a* quadratin fervant à remplir le blanc des lignes vu du côté du cran, que l'on tourne en-deffous, de même qu'à toutes les autres pieces, en le plaçant dans le compofteur ; fa longueur dans le fens du cran eft égale à l'épaiffeur, enforte que la bafe eft un quarré parfait. *b* la lettre S du mot Salut, qui fait partie de la troifieme ligne de l'exemple *fig.* 6. au bas de la Planche. On voit que la lettre qui a 10 lignes & demie de hauteur, eft plus élevée que toutes les autres pieces d'environ 2 lignes & demie : les quadrats, quadratins & efpaces n'ayant qu'environ 8 lignes de hauteur ; le cran qui eft près le pié de la lettre fe place en-deffous dans le compofteur, comme on voit dans la figure fuivante. *c* quadrats fervant auffi à remplir le blanc des lignes ; fa longueur dans le fens du cran eft double de celle du quadratin, ou double de fon épaiffeur, le cran n'occupe que la moitié de la longueur de cette piece. Il y a des quadrats dont la longueur porte 3, 4, 5, & 6 fois l'épaiffeur du corps. *d* demi-quadratin dont la longueur dans le fens du cran eft la moitié de celle du quadratin *a*, c'eft-à-dire, égale à la moitié de l'épaiffeur du caractere. *e* efpace dont l'épaiffeur n'eft que la moitié de celle du demi-quadratin. *f* efpace moyenne. *g* efpace fine, fervant les unes & les autres à féparer les mots & à juftifier les lignes ; pour la facilité de la juftification, on a encore des efpaces moyennes entre celles repréfentées dans la figure, & de plus minces, que celle repréfentée

par la lettre *g*, enforte que chaque corps a cinq ou fix fortes d'efpaces.

5. Compofteur dans lequel on voit une partie de la troifieme ligne de l'exemple qui eft au-deffous. *a* quadratin. *b* la lettre S qui commence le mot de Salut. *e* efpace qui fépare le mot *Salut* du mot *aux*, après lequel eft une autre efpace pour féparer le mot ARMES. *f* la lettre A le cran tourné en-deffous ; cette lettre doit être approchée de l'efpace *e*, & être fuivie des lettres RMES, qui complettent le mot ARMES, d'un point, & du nombre de demi-quadratins & efpaces fines, moyennes, ou groffes, néceffaires pour remplir entièrement le compofteur ; en cet état la ligne eft juftifiée comme on le voit dans la troifieme ligne 3, 3 de la figure fuivante.

6. Repréfentation d'une partie de forme de caractere de gros canon romain & italique en perfpective, où on voit diftinctement la partie en relief de chaque lettre, partie qui reçoit l'encre & la rend fur le papier : on a placé ici cet exemple pour qu'il fe rencontrât vis-à-vis de l'épreuve des caracteres qui ont fervi de modele à ce deffein, & à imprimer l'épreuve qui eft au verfo du dernier feuillet de cette explication, pour que le lecteur pût voir en même tems & la forme & l'épreuve qui femble naître de ce deffein en ouvrant le livre. La premiere ligne contient ces mots GLOIRE à DIEU. Le G qui commence le premier mot eft une lettre d'un des corps des capitales deftinés aux affiches, *&c.* nommé *petites de fonte* ; les fuivantes font des petites capitales du corps de gros canon romain ; *à* eft du bas de caffe romain, & eft féparé du mot précédent par une efpace groffe & une fine, & du mot fuivant DIEU, qui eft de grandes capitales, par une groffe efpace ; un demi-quadratin complette la ligne & lui fert de juftification. Comme l'épaiffeur du G eft plus grande que celle du corps dont on s'eft fervi pour compofer cet exemple, on a ajouté au-deffus de la ligne une ligne de quadrats du corps de faint-auguftin, ce qui avec l'épaiffeur du corps de l'exemple, forme l'épaiffeur de la lettre de *petites de fonte*. La feconde ligne contient ces mots *Honneur au ROI*, en lettre italiques ; la ligne commence par un quadratin & une fine efpace, qui n'a été ajoutée que pour que l'œil de la lettre G répondit verticalement au-deffus de l'œil de la lettre *H* ; cette lettre *H* portant avant l'œil un blanc qui l'auroit fait paroître enfoncée dans la ligne, fi l'on n'eût employé cette efpace. Suit la lettre *H* qui eft crenée. On entend par lettre *crenée* une lettre dont une partie eft en faillie fur la lettre fuivante ; tel eft le haut du fecond jambage de la lettre *H*, qui femble anticiper fur le corps de la lettre *o*, ce que l'on fait ainfi pour que les lettres s'approchent davantage & pour éviter un blanc entre deux lettres d'un même mot, ce qui le couperoit & fembleroit en faire deux mots féparés, comme on le peut voir dans les deux exemples fuivans, *Honneur*, *H onneur*. Dans le premier la lettre *H* eft crenée, & dans le fecond elle ne l'eft pas ; ainfi on apperçoit dans ce dernier exemple que la lettre *H* eft trop éloignée du refte du mot dont elle eft le commencement. Pour fondre les lettres crenées on fe fert du même moule & de la même matrice que pour les fondre non crenées ; il fuffit pour cela d'écarter le régiftre E *fig.* 3. Pl. II. de la Fonderie des caracteres, ou le regiftre de l'autre moitié du moule, *fig.* 2. même Planche, enforte que les blancs C du moule recouvrent l'empreinte de la matrice M autant que l'on veut que la lettre crenée porte fa faillie au-dehors de fon corps prifma-

A

tes ses pieces , vûe du côté qui s'applique au bois , *fig.* 1. *n.* 3.

22. La piece nommée *heurtoir*, représentée séparément, & vûe du côté auquel la matrice s'applique.

23. Le jobet vû du côté qui s'applique à la platine de la piece de deſſus.

PLANCHE III.

La vignette repréſente l'intérieur d'une chambre où l'on a porté les caracteres.

Fig. 1. Ouvriere qui compoſe , c'eſt-à-dire qui arrange les lettres ſéparées de leurs jets ou rompures , ſur un compoſteur.

2. Ouvrier qui coupe une rangée de caracteres , placée dans le juſtifieur entre les deux jumelles du coupoir.

3. Aprêteur qui ratiſſe les lettres avec le couteau , *fig.* 7. Pl. ſuivante , pour les égaliſer ſur le corps.

Cette chambre doit être garnie d'un grand nombre de rateliers , pour y poſer les compoſteurs chargés de lettres , juſqu'à ce qu'on les mette en page , & qu'on les envoye à leur deſtination.

Bas de la Planche.

Fig. 1. Le coupoir vû en perſpective & du côté de la manivelle F G , qui eſt à main droite du coupeur. Cette manivelle fait mouvoir la jumelle mobile C D , qui comprime ſur le corps la rangée de lettres qui eſt placée entre les regles du juſtifieur , dont une des regles eſt ſoutenue par la jumelle fixe A B.

1. n. 2. Plan du coupoir , entre les jumelles duquel les deux regles du juſtifieur ſont placées ; on y diſtingue une rangée de caracteres.

2. Chaſſis de fer & vis , appellés *train* , qui font mouvoir la jumelle mobile C D , qui eſt ſaiſie en-deſſous par les crochets A , C des bandes du chaſſis ; à côté eſt la clé ou manivelle.

2. n. 2. Plan du coupoir , dont on a ſupprimé les jumelles , pour laiſſer voir l'emplacement & la diſpoſition de la ferrure qui fait mouvoir la jumelle mobile.

Premiere ſuite de la Planche III.

Fig. 3. A B , regle du juſtifieur , avec ſa platine , vûe au-deſſus & du côté où l'on place les lettres.

A A , B B , la même regle vûe par-deſſous & du côté qui s'applique à la jumelle mobile C D.

4. C D , ſeconde regle du juſtifieur , vûe en-deſſus & du côté qui s'applique à la jumelle fixe A B , *fig.* 1.

C C , D D , la même regle vûe en-deſſous & du côté qui s'applique à la rangée de lettres. On y diſtingue les deux languettes qui entrent dans les mortoiſes *a b* de la premiere regle.

4. n. 2. Coupe tranſverſale des deux regles du juſtifieur , de la même grandeur dont elles ſont conſtruites.

4. n. 3. La même coupe où les deux regles ſont ſéparées ; toutes ces pieces ſont de fer.

5. Compoſteur. Il eſt de bois ; il ſert à l'ouvriere , *fig.* 1. de la vignette , pour y ranger les lettres par lignes auſſi longues que le juſtifieur peut en contenir.

5. n. 2. Coupe tranſverſale d'un compoſteur de la grandeur dont ils ſont conſtruits.

Les *fig.* 3 , 4 , 5 , 7. ſont relatives à l'échelle qui eſt au bas de la Planche. Toutes celles qui ſuivent , ſont de la grandeur des objets qu'elles repréſentent , & n'ont pas par conſéquent beſoin d'échelle.

6. Rabot ſervant au coupeur , *fig.* 2. de la vignette , pour couper le pié de la lettre , ou les côtés de l'œil ; ce rabot eſt garni de toutes ſes pieces.

6. n. 2. Clé pour ſerrer ou deſſerrer les vis du rabot.

7. Couteau de l'aprêteur.

8. Le rabot garni de toutes ſes pieces , vû par-deſſus.

Seconde ſuite de la Planche III.

Fig. 9. Guides ou couliſſes du rabot.

10. M N O , fût du rabot.

R R S , arc du rabot.

P Q , poignée de bois du rabot.

11. Petit jetton.

12. Glace ſur laquelle on poſe les lettres pour jauger leur épaiſſeur.

13. Grand jetton.

14. Juſtification.

15. *citée* 26. *à l'art.* Caracteres. Tourne-écrous , pour démonter le moule.

16. Tourne-vis , pour démonter le moule & le rabot.

17. Extrémité inférieure du fer du rabot , qui ſert à creuſer le pié de la lettre.

18. Lettre longue par le haut , dont le pié a été vuidé par le fer précédent.

19. Extrémité inférieure du fer du rabot , dont on ſe ſert pour retrancher au bas de l'œil de la lettre la matiere ſuperflue.

20. Lettres longues par le haut , dont le bas de l'œil a été rogné par le fer précédent. Telles ſont les lettres b , d , f , &c.

21. Toutes les lettres courtes , telles que a , c , m , &c. au-deſſus & au-deſſous de l'œil de laquelle on a fait avec le fer précédent , & avec le ſuivant , un retranchement de matiere.

22. Extrémité inférieure du fer de rabot , dont on ſe ſert pour retrancher au haut de la lettre la matiere ſuperflue.

23. Toutes les lettres longues par le bas , comme p , q , &c. dont le haut du côté de l'œil a été rogné par le fer précédent.

PLANCHE IV.

Fig. 1. Moule à réglets , inventé en 1737 par M. Fournier le jeune , pour former des lames de métal de différentes épaiſſeurs , propres à être taillées en filets ſimples , doubles ou triples , comme les figures 1 , 2 , 3.

A , A , les deux pieces du moule , qui rapprochées l'une ſur l'autre , laiſſent entr'elles un eſpace vuide qui eſt rempli par la lame du métal I.

B , jet du moule ; celui de la piece de deſſous ſaillit un peu , pour former une retraite entre la lame & le jet , & aider à leur ſéparation.

C , regîtres mobiles , fixés à hauteur convenable par les écrous , dont un eſt viſible en face ; l'autre eſt dans la partie oppoſée.

D , longues pieces , entre leſquelles ſe forme la lame I.

E , joues fixées ſur les longues pieces qu'elles emboîtent par les vis qui ſont apparentes à la piece de deſſus , & dans la partie oppoſée de celle du deſſous.

F , charniere fixée à la piece du deſſus , & qui s'aſſujettit à celle de deſſous par la vis *f* , qui entre dans un écrou formé au bout de cette piece.

G , quadrat. Il eſt de l'épaiſſeur que l'on veut donner à la lame. La piece de deſſus s'appuie par l'extrémité d'enbas ; ce qui forme dans le reſte de la longueur du moule l'intervalle du vuide qui eſt rempli par le métal. On a de ces quadrats de différentes épaiſſeurs , relatifs aux corps des caracteres. Ils ſont aſſujettis à la piece de deſſous par une vis qui la traverſe , pour s'engrainer dans l'écrou qui eſt auxdits quadrats.

Pour rendre l'eſpace du vuide égal à l'autre bout du moule , on y poſe une lettre de même épaiſſeur que le quadrat. La piece de deſſus étant abaiſſée , on fait deſcendre les regîtres C ſur la platine *b* , on ſerre les écrous , & le vuide eſt formé.

H , bois du moule. Ils ſont retenus ſur le dos de chacune des longues pieces par deux vis ; les écrous ſont formés auxdites pieces à moitié de leur épaiſſeur.

I , lame qui eſt ſortie du moule , dont le jet eſt ſéparé.

K , carton entaillé que l'on met à chaque fois que l'on ferme le moule , ſous la piece de deſſous , &

Exemples de l'emploi des lettres grecques crenées, & des mêmes lettres non crenées.

ἐδεὶς ἀγεωμέτρητος ἐιϲέιτο.   Premier exemple.

ἐδεὶς ἀ'γεωμέτρητος ἐ'ιϲέιτο.   Second exemple.

Cette inscription qui était à la porte de l'Académie à Athenes, où Platon donnoit ses leçons, signifie : *On n'est point admis ici sans être Géometre.* On voit par le premier exemple que les lettres de chaque mot sont autant rapprochées l'une de l'autre qu'il convient ; & par le second, que chaque mot semble être coupé en plusieurs.

PLANCHE VI.

Des impositions.

Fig. 1. Chassis in-folio. *a b c d* le chassis. *f e g* la barre percée de deux mortoises *f* & *g* destinées à recevoir les pointures du tympan de la presse, comme il sera dit ci-après ; le parallelogramme qui environne le chassis représente le marbre sur lequel se fait l'imposition ; il est marqué de même à toutes les figures suivantes.

2. Chassis in-douze ; il differe du précédent en ce que la barre *e e* est en travers & qu'elle n'est pas percée par des mortoises, les pointures du tympan ne devant jamais le rencontrer ; il n'y a que deux manieres de retourner la feuille de papier pour la retiration, l'une en la retournant verticalement selon la ligne ou barre *f e g*, *fig.* 1. enforte qu'à la retiration, la rive du papier qui étoit étendue le long du côté *b d* d'une premiere forme, se trouve après être retourné le long du côté *a c* de la seconde forme ; la seconde maniere est de le retourner horizontalement selon la ligne ou barre *e e*, *fig.* 2. enforte qu'à la retiration la rive du papier étendu le long du côté *c d* du chassis, le soit le long du côté *a b* de la forme de retiration.

3. & 4. Imposition d'un in-folio d'une feuille ; ces deux figures comprises par une accollade, représentent, la premiere, l'imposition de la premiere forme in-folio, contenant les pages 1 & 4. La seconde représente la seconde forme ou retiration qui contient les pages 2 & 3 ; si on conçoit que l'estampe soit ployée verticalement dans le milieu du blanc qui sépare les deux formes, *fig.* 3. *fig.* 4. les points *a b c d* de la forme de retiration s'appliqueront sur les points *a b c d* de la premiere forme, & le chiffre 2 de la seconde page s'appliquera sur le chiffre 1 de la premiere forme, ainsi que le chiffre 3 de la retiration sur le chiffre 4 de la premiere ; si de plus on imagine une feuille de papier placée entre les deux formes, & qu'elle en reçoive l'empreinte, on aura la feuille imprimée de deux côtés en un seul coup, ce que cependant on fait successivement.

On a observé dans toutes les figures suivantes, de placer les quatre lettres angulaires *a b c d* des chassis à la premiere forme & à sa retiration, ou la seconde forme, de maniere à faire connoître de quel sens il faudroit retourner cette seconde forme, ou plutôt la feuille qui en porte l'empreinte, pour que les pages convenables soient imprimées au verso de celles qui doivent les précéder & leur servir de recto.

La garniture de chacune des formes in-folio est composée de plusieurs bois dont l'épaisseur au-dessus du marbre est moindre d'environ deux lignes & demie que la hauteur du caractere ; les bois *h h* sont les têtieres, parce qu'elles se placent en tête des pages ; les bois *i i* avec la barre de fer *f e g* forment le fond du cahier, & par cette raison sont nommés bois de fond, la partie de la feuille qui leur répond étant en effet au fond du livre, lorsqu'il est relié ou broché. *k k* les grands biseaux qui répondent aux marges extérieures. *l l* les petits biseaux qui répondent aux marges inférieures : chacun des grands biseaux est serré par trois coins *m m m*, & chacun des petits par deux autres coins *m m* semblables aux précédens.

Pour ployer cette imposition on doit tenir la feuille de maniere que la signature A ou B, ou telle autre lettre, pag. 1. *fig.* 3. soit posée la face contre la table sur laquelle on plie, & du côté de la main gauche le bas des pages devant soi, ensuite on prend le bout de la feuille du côté de la main droite pour faire rencontrer le chiffre de la page 3 sur le chiffre de la page 2 ; on plie ainsi la feuille par le milieu en donnant un coup de plioir par-dessus.

L'in-folio en deux feuilles dans un cahier s'impose de la maniere suivante. La premiere forme de la premiere feuille contient la signature A dans la page 1, & la page 8 au-lieu des pages 1 & 4 de la *fig.* 3. Sa retiration contient la page 7 au-lieu de la page 3, & la page 2 au même lieu où elle est dans la *fig.* 4.

La seconde feuille est composée des pages 3 & 6 dans la premiere forme, *fig.* 3. avec la signature A 2, dans la page 3 qui répond à la page 1 ; dans la seconde forme, sont les pages 5 & 4 au-lieu des pages 3 & 2 de la retiration, comme on voit dans la table suivante.

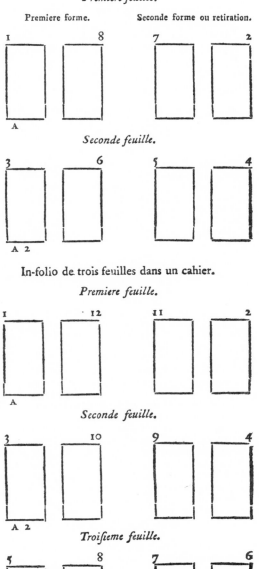

In-folio de deux feuilles dans un cahier.

Premiere feuille.

Premiere forme.   Seconde forme ou retiration.

Seconde feuille.

In-folio de trois feuilles dans un cahier.

Premiere feuille.

Seconde feuille.

Troisieme feuille.

Fig. 5. & 6. Impofition d'un in-quarto d'une feuille dans un cahier ; les lettres angulaires *a b c d* font connoître qu'il faut tourner le papier à la retiration comme à l'impofition précédente. La premiere forme, *fig.* 5. contient les pages 1, 4, 5, 8, avec la fignature A dans la page 1 ; & la feconde ou retiration, *fig.* 6. contient les quatre autres pages, 2, 3, 6, 7. La garniture de chacune de ces deux formes eft compofée des bois *k k* qui revêtent la barre *f e g*, dont les trous reçoivent les pointures, des bois de fond *i i*, des bois de marge *h h*, des grands bifeaux *l l* qui font ferrés par trois coins *n n n*, & enfin des petits bifeaux *m m* qui font auffi ferrés chacun par deux coins *n n*.

L'in-quarto de deux feuilles en un cahier s'impofe de cette maniere.

Premiere feuille.

Premiere forme.	Seconde forme ou retiration.
1, 4, 13, 16.	2, 3, 14, 15.
1, 4, 5, 8.	2, 3, 6, 7.

Au lieu des nombres qui font au-deffous & qui repréfentent les numéros des pages de la précédente impofition, la fignature A fe trouve dans la premiere page, & la fignature A 2 dans la page 3.

Seconde feuille.

Premiere forme.	Seconde forme ou retiration.
5, 8, 9, 12.	9, 7, 10, 11.
1, 4, 5, 8.	2, 3, 6, 7.

Au lieu des nombres qui font au-deffous, la fignature A 3 fe trouve dans la page 5, & la fignature A 2 dans la page 7.

On ploye ces impofitions par le milieu de la feuille aux trous des pointures qui répondent aux mortoifes *f* & *g* de la barre du milieu du chaffis, on ploye enfuite de maniere que la fignature A foit en-dehors, ce qu'on obferve à toutes les autres impofitions.

7. Impofition de l'in-quarto par demi-feuille. Toutes les impofitions par demi-feuille ont cette propriété, qu'avec une feule forme on fait le premier tirage & la retiration ; pour ployer cette impofition on coupe la feuille en deux par le milieu des trous des pointures, on plie enfuite chaque demi-feuille comme un in-folio. Les bois de la garniture de cette forme font les mêmes que ceux des deux formes précédentes.

8. Impofition in-octavo par demi-feuille. On retourne le papier à cette impofition comme à l'in-folio ou à l'in-quarto, enforte que la rive du papier, qui au premier tirage étoit le long du côté *b d* du chaffis, fe trouve au fecond ou à la retiration le long du côté *a c*, & la feuille contient deux exemplaires ; pour ployer cette impofition, on commence par couper la feuille par le milieu des pointures qui répondent aux mortoifes *f* & *g* de la barre du chaffis, on plie enfuite la demi-feuille comme un in-quarto. Les bois de la garniture de cette forme font les mêmes & ont les mêmes noms que ceux de la garniture des deux formes fuivantes.

PLANCHE VII.

9. & 10. Impofition in-octavo, par feuille entiere. La *fig.* 9. eft la premiere forme, & la *fig.* 10. fa retiration. Les quatre lettres angulaires *a b c d* des chaffis de la retiration font connoître comment il faut tourner le papier à la retiration pour que les pages qui doivent être oppofées fe rencontrent vis-à-vis l'une de l'autre, c'eft-à-dire, au recto & au verfo d'un même feuillet. La barre *f e g* avec les deux bois *l l* fervent de marge, ainfi que les têtieres *h h*, les grands bifeaux *m m*, & les pe-

tits bifeaux *n n*, ces bifeaux font ferrés par les coins *o o o o o o o o o o*, trois pour chacune des grands, & deux feulement pour chacun des petits. *k, k, k, k* bois de fond. *i i i i* bois des têtes.

Pour ployer cette impofition on pofe la feuille de maniere qu'on ait les pages en longueur devant foi, & la fignature feule à main gauche ; on ploye la feuille par les trous des pointures comme à l'in-folio, on prend enfuite le bout de la feuille du côté des pointures, pour faire rencontrer l'extrêmité de la derniere ligne de la page 12 fur l'autre extrêmité de la page 13, après quoi on paffe le plioir par-deffus la feuille, qui eft pour lors pliée in-quarto ; cela fait on prend derechef le bout de la feuille du côté des chiffres pour pofer la page 8 contre la page 9, en obfervant de faire gliffer un peu le cahier vers foi, afin qu'on puiffe ployer avec plus de facilité, obfervant de laiffer la fignature en-dehors.

11. & 12. Impofition de l'in-douze par feuille entiere le carton dedans, & de fa retiration dans le chaffis à la françoife ; les quatre lettres angulaires *a b c d* font connoître qu'à cette impofition il faut, à la retiration, tourner le papier fuivant la ligne horizontale ou la barre *e* du milieu du chaffis, enforte que la rive du papier qui fe trouvoit le long du côté *c d* du chaffis, *fig.* 11. fe trouve le long de *c d*, *fig.* 12. qui eft la retiration. Les bois qui compofent la garniture de cette impofition, font deux reglettes le long de la barre du chaffis, les bois de marge *f f*, les grands bifeaux *m m*, & les petits bifeaux *l l* qui tiennent auffi lieu de bois de marge extérieure, ainfi que la barre du chaffis & les reglettes qui l'accompagnent, les bois de carton *g g g g*, les bois de tête *h h h h*, & en dernier lieu des bois de fond *i i i*, *i i i*, qui forment la marge intérieure. Les grands bifeaux *m m* font chacun affujettis par trois coins *n n n*, & les petits bifeaux *l l* feulement par deux marqués *o o*.

Pour ployer cette impofition on pofe la feuille de maniere que les pages foient en longueur devant foi & la premiere page à main gauche, enfuite on coupe le carton directement aux trous des pointures qui répondent à la ligne *g g g g* dans les deux figures ; le carton contient les pages 9 jufqu'à 16 : on ploye la feuille en deux par le milieu de fa longueur, & enfuite le carton en deux, obfervant de bien faire rencontrer les chiffres les uns fur les autres, & de laiffer en-dehors la fignature A 5 ; la grande partie de la feuille doit être ployée comme un in-octavo, ce qui forme un cahier nommé *grand carton*, dans le milieu duquel on place le cahier formé par le carton qui commence par la fignature A 5, que l'on nomme *petit carton*.

13. & 14. Impofition in-douze par feuille entiere, le carton dehors, le chaffis à la holandoife. Ce chaffis differe des précédens en ce que la barre *r s* n'eft point au milieu, elle fert avec les bois *g g* à féparer le carton du refte de la feuille, que l'on retourne horizontalement à la retiration, ainfi que les lettres angulaires *a b c d* des chaffis le font connoître, de même que les lettres *r* & *s* qui font placées aux extrêmités de la barre dont les mortoifes reçoivent les pointures du tympan. *f f* bois de marge extérieurs. *m m* grands bifeaux ferrés par trois coins *n n n, n n n. l l* petits bifeaux ferrés par les coins *o o o, o o*, qui fervent auffi de bois de marges extérieures, ainfi que les bois *e e. i i i, i i i* bois de fond fervant de marge intérieure. *h h h h* bois de têtieres ; cette impofition fe coupe & fe ploye comme la précédente, on doit feulement obferver de ne point mettre le cahier formé par le carton, en-dedans du cahier formé par le refte de la feuille, cette impofition formant deux cahiers féparés qui ont des fignatures différentes. Le grand cahier formé de huit feuilles a pour fignature la lettre A, & le cahier du carton compofé de quatre feuilles feulement a pour fignature B, enforte qu'un livre impofé

poſé de cette maniere alternativement ſes cahiers de huit & de quatre feuillets.

15. Impoſition de l'in-douze par demi-feuille le carton dehors ; on a ſupprimé dans cette figure & la ſuivante les garnitures de bois qui ſont ſemblables aux précédentes ; ſur la même forme on fait la retiration en retournant le papier horizontalement, enſorte que la rive qui au premier tirage étoit le long du côté *c d* du chaſſis, ſoit à la retiration appliquée le long du côté *a b* ; pour ployer cette impoſition on coupe premierement la feuille le long de la ligne horizontale qui ſépare la forme en deux parties égales, on coupe & on ploye les deux cartons qui ſont ſéparés du reſte de la feuille par la barre du chaſſis. Les deux grandes parties de la feuille ſe ployent comme deux in-quarto, & forment chacune un cahier de deux feuilles, qui ont pour ſignature la lettre A. Le carton qui a pour ſignature la lettre B, forme un ſecond cahier d'un ſeul feuillet.

16. Impoſition de l'in-douze par demi-feuille, le carton dedans ; à cette impoſition on retourne le papier comme à la précédente, c'eſt-à-dire, horizontalement, & on a de même deux exemplaires à la feuille. Pour ployer on commence par couper la feuille le long de la ligne qui ſépare la forme en deux parties égales ; on coupe enſuite les cartons qui ont pour ſignature A 3, on les ploye comme un in-folio. Les grandes parties des demi-feuilles ſe ployent comme un in-quarto, ce qui forme un cahier de deux feuillets, dans lequel on met le cahier d'un ſeul feuillet formé par le carton.

PLANCHE VIII.

17. & 18. Impoſition in-ſeize par feuille entiere d'un ſeul cahier, & ſa retiration. Pour la retiration on retourne le papier horizontalement comme à l'in-douze, ainſi que le font connoître les lettres angulaires *a b c d* des chaſſis. Pour ployer cette impoſition on commence par ployer la feuille par le milieu des pointures ſans la couper, on ploye enſuite cette feuille ainſi doublée comme ſi c'étoit une feuille in-octavo, en obſervant de poſer directement les chiffres des pages les uns ſur les autres & de garder la ſignature en-dehors ; tous les bois qui compoſent la garniture de ces deux formes ont les mêmes noms que dans les figures précédentes, c'eſt ce qui fait qu'on s'eſt diſpenſé de les charger de lettres auſſi-bien que les garnitures des impoſitions ſuivantes.

19. Impoſition in-ſeize par demi-feuille en un cahier, formant deux exemplaires ſur la même feuille ; on retourne le papier comme à l'in-folio, enſorte que la rive de la feuille qui étoit le long du côté *b d* du chaſſis, ſe trouve à la retiration le long du côté *a c*. Pour ployer un in-ſeize par demi-feuille on coupe la feuille par le milieu aux trous des pointures, après quoi on ploye les deux demi-feuilles comme deux cahiers in-octavo ; la garniture de cette forme eſt comme aux deux précédentes.

20. Impoſition in-dix-huit par demi-feuille. Cette impoſition eſt quelquefois néceſſaire, comme lorſqu'un ouvrage finit par le même nombre de pages qu'elle contient, mais il faut obſerver qu'à la retiration où on retourne le papier comme à l'in-folio, il y a quatre pages à tranſpoſer, ſavoir les quatre pages d'en-bas qui joignent la barre du chaſſis. Pour plus grand éclairciſſement on a placé dans la figure au-bas de chacune de ces quatre pages la lettre R avec le chiffre de leur changement à la retiration, enſorte qu'on placera la page 7 où eſt la 11, la page 8 en place de la 12 ; on remettra enſuite la page 12 où étoit la 8, & la page 11 où étoit auparavant la 7. Pour ployer cette impoſition, premierement on coupe la bande d'en-haut le long des têtieres, ainſi qu'il eſt marqué dans la figure par une ligne tracée horizontalement ; on ſépare cette

N°. 3.

bande en quatre parties, ſavoir les deux bouts 5, 14 & 6, 13 de la bande de chacun de deux feuillets, comme on le voit indiqué par les lignes vercales ; on ploye ces parties comme des in-folio ; les deux feuillets 9 & 10 du milieu ſe partagent encore en deux, ce ſont deux feuillets volans qui ſe placent dans le milieu de chacun des deux cahiers dont cette feuille eſt compoſée. Secondement, pour le reſtant de la feuille on la ſépare en trois parties, comme il eſt marqué ſur la figure, ſavoir les deux bouts de la feuille en deux cahiers in-quarto. Les quatre pages 7, 8, 11, 12 qui reſtent au milieu doivent être ſéparées en deux par le milieu des têtieres, & former deux cahiers comme l'in-folio. On aſſemble enſuite les cartons pour les ranger l'un dans l'autre ſelon l'ordre des ſignatures A, A 2, A 3, A 4, A 5, & en former deux cahiers, de neuf feuillets chacun, ou de dix-huit pages.

21. & 22. Impoſition de l'in-dix-huit par feuille en deux cahiers, c'eſt celle qui eſt le plus en uſage. La *fig.* 21. eſt la premiere forme, & la *fig.* 22. la ſeconde ou la forme de retiration, pour laquelle on retourne le papier comme pour l'in-folio, ainſi que les quatre lettres angulaires *a b c d* le font connoître. Pour ployer cet in-dix-huit on coupe la premiere bande qui eſt à main droite, *fig.* 21. & à gauche, *fig.* 22. après on coupe les deux feuillets 9, 10, 11, 12 d'en-haut de cette bande, on les ploye comme un cahier in-folio, la ſignature A 5 en-dehors ; la partie inférieure de la même bande ſe ploye comme un in-quarto, laiſſant la ſignature B, *fig.* 22. en-dehors, le ſurplus de la feuille ſe ploye comme l'in-douze par feuille entiere ; les quatre pages ſupérieures qui ont la ſignature B forment un cahier, & les huit pages inférieures qui ont la ſignature A en forment un autre, dans leſquels on fait entrer les cartons de même ſignature, faiſant partie de la bande qu'on a précédemment coupée.

23. 24. Impoſition de l'in-vingt-quatre par feuille entiere de deux cahiers ſéparés. On retourne le papier à la retiration, *fig.* 24. comme à l'in-folio, ainſi que le font connoître les quatre lettres angulaires *a b c d* des chaſſis. Pour ployer cette impoſition on coupe la feuille par le milieu aux trous des pointures qui répondent aux mortoiſes de la traverſe du chaſſis, on ploye enſuite chaque demi-feuille comme une impoſition in-douze par feuille entiere.

25. Impoſition d'un in-vingt-quatre par demi-feuille d'un cahier ; c'eſt ſur la même forme que ſe fait la retiration, ainſi on a deux exemplaires à la feuille ; on retourne le papier à la retiration comme à l'in-folio, enſorte que la rive du papier qui étoit près du côté *d b* du chaſſis, ſoit du côté *a c*. Pour ployer cette impoſition on ſépare la feuille par le milieu aux trous des pointures, on tourne enſuite les deux demi-feuilles, de maniere que les ſignatures A ſoient ſous la main gauche, enſuite on coupe le carton de quatre pages à main droite, leſquelles on ploye comme deux in-quarto, pour les encartonner dans le milieu des deux autres cahiers qui ſont le reſtant de la feuille, leſquelles on ploye comme deux in-octavo.

26. Impoſition in-vingt-quatre par demi-feuille de deux cahiers ſéparés ; c'eſt ſur la même forme que ſe fait la retiration, pour laquelle on retourne le papier comme à l'in-folio, le côté *b d* ſur le côté *a c*, & on a deux exemplaires compoſés chacun de deux cahiers. Pour ployer cette impoſition on commence par ſéparer la feuille en deux par le milieu des pointures, enſuite on coupe la bande d'en-haut, les deux demi-feuilles enſemble, pour en faire deux cahiers ſéparés des ſignatures B, les deux reſtes de la feuille où ſont les ſignatures A ſe ployent comme deux cahiers in-octavo, à chacun deſquels, en-dehors, on ajoute un cahier de

B

la signature B on trouve ainsi deux exemplaires dans la feuille.

27. & 28. Imposition de l'in-trente-deux par feuille entiere en quatre cahiers séparés; on retourne le papier à la retiration, *fig.* 28. comme à l'in-folio, ainsi que les lettres *a b c d* le font connoître. Pour ployer cette imposition on commence par couper la feuille aux trous des pointures, secondement on sépare chaque demi-feuille en deux parties égales par le milieu du bas des pages. La feuille ainsi partagée en quatre parties égales, on ploye chaque partie comme un cahier in-octavo, observant de tenir les signatures simples, A, B, C, D en-dehors, on assemble ensuite les cahiers dans le même ordre pour former un exemplaire.

29. Imposition de l'in-trente-deux par demi-feuille de deux cahiers séparés; c'est sur la même forme que se fait la retiration, en retournant le papier comme à l'imposition précédente. La feuille doit aussi être coupée & ployée de la même maniere pour former deux exemplaires, chacun de deux cahiers in-octavo, l'un de la signature A, & l'autre de la signature B; les lignes tracées entre les pages indiquent où la feuille doit être coupée.

30. Imposition de l'in-trente-six par demi-feuille de deux cahiers séparés; c'est encore sur la même forme que se fait la retiration, pour laquelle on retourne le papier comme pour l'in-folio, la feuille doit aussi être coupée par le milieu des pointures, & après avoir placé la signature A sous la main gauche, on coupera le cahier de six pages qui sont à main droite, lequel on ployera comme un in-douze par demi-feuille; cela fait on coupera la bande de l'autre cahier le long des têtieres, laquelle on ployera comme le carton in-douze, & le reste de la feuille se ploye en deux cahiers in-octavo; on place ensuite les cartons dans le milieu des deux cahiers A & B, que l'on met à la suite l'un de l'autre pour former un exemplaire, y ayant deux exemplaires à la feuille, les lignes tracées dans la figure entre les pages, indiquent où la feuille doit être coupée.

31. & 32. Imposition de l'in-trente-six de trois cahiers séparés. La *fig.* 31. représente la premiere forme, & la *fig.* 32. la seconde; on retourne le papier horizontalement à la retiration, comme on le voit par les lettres angulaires *a b c d* des chassis. Pour ployer cette imposition on pose la feuille de maniere que la signature A, *fig.* 31. soit sous la main gauche, ensuite on coupe la premiere bande à main droite, laquelle contient trois cartons in-quarto des signatures A 6, B 5, C 5, que l'on sépare les uns des autres, & que l'on ploye comme un in-quarto, ensuite on coupe le reste du papier, en travers en trois parties, des signatures A 3, B 2, C 2, que l'on ploye comme trois cahiers in-octavo, observant de tenir toujours les signatures simples A, B, C, en-dehors; cela fait on place les trois petits cartons dans le milieu des trois cahiers in-octavo, observant de mettre ensemble les signatures de même espece : on arrange ensuite les cahiers à la suite les uns des autres, selon l'ordre alphabétique des signatures, pour former un exemplaire.

PLANCHE X.

33. & 34. Imposition de l'in-quarante-huit par feuille entiere de six cahiers séparés; à la retiration, *fig.* 34. on retourne le papier comme à l'in-douze, c'est-à-dire que la partie du papier qui était au bas de la premiere forme du côté de *cd, fig.* 33. se trouve au haut *cd* de la seconde forme, *fig.* 34. Pour ployer cette imposition il faut tourner la feuille de maniere que la signature A soit sous la main gauche, partager ensuite la feuille par le milieu de sa largeur, chaque demi-feuille sera encor partagée en trois parties égales, ainsi que les traits marqués entre les pages le font connoître, chacune de ces parties formera un cahier in-octavo, on les arrangera tous à

la suite les uns des autres, selon l'ordre des lettres A B C D E F qui leur servent de signature.

35. Imposition de l'in-quarante-huit par demi-feuille, c'est sur la même forme que l'on fait la retiration, & il en est de même pour toutes les figures suivantes; on tourne le papier à la retiration comme à l'imposition précédente, on coupe & on ploye aussi la feuille de la même maniere, & on a deux exemplaires à la feuille, chacun composé de trois cahiers des signatures A, B, C.

36. Imposition de l'in-soixante-quatre par demi-feuille de quatre cahiers séparés; à la retiration sur la même forme on tourne le papier comme à l'in-folio, ensorte que la partie de la feuille de la droite soit à gauche. Pour ployer cette imposition on coupe premierement la feuille par le milieu des pointures; secondement on coupe en deux chaque demi-feuille, ensuite on tourne ces quatre parties de maniere que la signature A soit sous la main gauche, on les coupe toutes quatre ensemble par le milieu, ainsi que les lignes tracées entre les pages l'indiquent; on a par ce moyen huit parties, que l'on doit ployer chacune comme un in-octavo, ensuite on assortit les cahiers par leurs signatures A B C D, pour former deux exemplaires.

37. Imposition de l'in-soixante-douze par demi-feuille de trois cahiers séparés; on retourne le papier à la retiration, qui se fait sur la même forme, comme on le retourne pour l'in-folio. Pour ployer cette imposition on sépare la feuille par le milieu des pointures, ensuite on coupe à main droite une bande selon la longueur de la demi-feuille. Cette bande contient trois cartons in-quarto, que l'on sépare les uns des autres, & que l'on ploye en commençant par la partie d'en-haut où est la signature C 5; cela fait, on coupe le reste de la feuille en trois parties, en commençant par la partie d'en-haut où est la signature C, on ploye chacune de ces parties comme l'in-octavo; les trois cahiers A, B, C étant ainsi ployés, on place les trois cartons A 5, B 5, C 5 dans le milieu de chacun d'eux, & faisant la même opération sur l'autre demi-feuille, on a deux exemplaires. Les lignes tracées entre les pages indiquent comment le papier doit être coupé.

38. Imposition de l'in-quatre-vingt-seize par demi-feuille de six cahiers séparés; on retourne le papier à la retiration comme à l'in-folio. Pour ployer cette imposition, la feuille ayant été séparée en deux par le milieu des pointures, on coupe chaque demi-feuille, qui forme un exemplaire, en deux parties égales par le milieu de sa longueur, selon les lignes tracées entre les pages, & on a deux bandes de trois parties chacune, que l'on sépare les unes des autres, & que l'on ploye en in-octavo. On place ces six cahiers à la suite les uns des autres, selon l'ordre de leurs signatures A B C D E F; on fait la même opération à la seconde demi-feuille.

39. Imposition de l'in-cent-vingt-huit par demi-feuille de huit cahiers séparés : à la retiration, qui se fait sur la même forme, on tourne le papier comme à l'in-folio. Pour ployer cette imposition, après que la feuille est séparée en deux par le milieu des pointures, on coupe chaque demi-feuille par le milieu de sa longueur, & chacune des deux bandes qui en résultent est séparée en quatre parties égales, ce qui forme huit cahiers que l'on ploye comme l'in-octavo, on les arrange ensuite suivant l'ordre des signatures A B C D E F G H : faisant la même opération sur l'autre demi-feuille on a deux exemplaires. On voit dans la figure des lignes placées entre les pages, qui indiquent où la feuille doit être coupée; ces lignes sont aussi rapportées sur chaque feuille que l'on imprime, au moyen de reglets que l'on place dans la garniture.

PLANCHE XI.

Imposition de l'in-vingt-quatre de quatre demi-feuilles

en un feul cahier. Cette impofition a cela de particulier, que les bois de fond, ou les quadrats qui en tiennent lieu, font de largeur inégale, & cela afin de compenfer l'épaiffeur du papier.

Fig. 1. Premiere forme de l'in-vingt-quatre. A B C D le chaffis. F G les mortoifes de la barre. H, H H les têtieres. K K les grands bifeaux qui font ferrés par trois coins M M M. L L les petits bifeaux qui font chacun ferrés par deux coins N N. Les vingt-quatre pages qui compofent cette forme font féparées en fix parties, de quatre pages chacune, par des bois de marge. Au-lieu des bois de tête on a féparé les pages par des quadrats. Au-lieu auffi de bois de fond *a a, b b, c c* on a employé des quadrats. Le fond *a a* eft compofé de deux lignes de gros romain; celui *b b* d'un gros romain, d'un faint auguftin & d'un feuillet (le feuillet eft une reglette de bois, de l'épaiffeur à-peu-près d'un quart de ligne). Le fond *c c* eft compofé d'un gros romain & d'un faint auguftin. Cette forme contient trois cahiers des fignatures A B C.

2. Seconde forme de l'in-vingt-quatre, dont la garniture eft la même que dans la figure précédente. A B C D le chaffis. Les vingt-quatre pages compofent trois cahiers des fignatures D E F. Le fond *d d* eft compofé de deux faint auguftin & d'un feuillet. Le fond *e e* l'eft de deux faint auguftin, celui *f f* d'un faint auguftin, un cicero & un feuillet.

PLANCHE XII.

3. Troifieme forme de l'in-vingt-quatre, contenant trois cahiers des fignatures G H I. Le fond *g g* eft compofé d'un faint auguftin & d'un cicero. Le fond *h h* l'eft de deux cicero & un feuillet Celui *i i* de deux cicero.

4. Quatrieme forme de l'in-vingt-quatre, comprenant quatre cahiers des fignatures K L M. Le fond *k k* eft compofé d'un cicero, un petit romain & un feuillet. Le fond *l l* d'un cicero & un petit romain. Le fond *m m* de deux petits romains.

Les quatre feuilles dont la retiration fe fait fur la même forme qui a fervi à les imprimer, fourniffent deux exemplaires. Pour ployer cette impofition on coupe la feuille en deux aux trous des pointures, chaque demi-feuille eft coupée enfuite en trois cartons au milieu des bois de marges dans lefquelles on a placé des reglets; l'empreinte de ces reglets indique au Relieur où il doit couper la demi-feuille. Chaque carton contient huit pages que l'on ploye comme une feuille in-quarto : on place enfuite les cahiers les uns dans les autres, fuivant l'ordre de leurs fignatures A B C D E F G H I K L M.

PLANCHE XIII.

Contenant la Tremperie, où on trempe le papier & où fe fait le lavage des formes.

La vignette repréfente l'intérieur de la tremperie, qui eft un lieu couvert, & pavé de maniere à faire écouler facilement les eaux qui proviennent tant du papier trempé que du lavage des formes.

Fig. 1. Compagnon qui lave une forme placée dans le baquet : le trou du baquet communique par un tuyau avec la chaudiere de cuivre, dans laquelle eft la leffive, compofée de potaffe, que les Imprimeurs appellent *drogue.* Tout cet appareil eft repréfenté plus en grand au bas de la Planche. Près du même ouvrier on voit deux formes dreffées près la muraille pour égoutter, après qu'elles ont été rincées.

2. Ouvrier ou compagnon Imprimeur qui trempe le papier pour le préparer à recevoir l'impreffion. A rames de papier pofées fur une table, dont les mains ont été féparées de dix en dix. B baffine de cuivre dans laquelle eft contenue l'eau claire dans laquelle il trempe le papier; la baffine eft portée par un pié de forme convenable, & elle a à fa

partie inférieure un robinet pour évacuer l'eau qui y eft contenue, pour la renouveller. C autre table pour recevoir le papier trempé qui eft étendu fur une maculature.

Bas de la Planche.

Fig. 1. Ais fur lequel on defferre les formes in-folio, in-quarto, & in-octavo, qui doivent être diftribuées; cet ais eft barré en-deffous par deux barres de bois, dont l'épaiffeur eft d'environ deux lignes plus grande que la hauteur du caractere, afin que l'œil de la lettre ne foit point écrafé lorfqu'on met plufieurs ais chargés de pages à diftribuer les uns fur les autres; la longueur de cet ais eft de deux piés, & fa largeur de dix-huit pouces.

2. Ais pour la diftribution de l'in-douze par demi-forme; fa largeur eft de dix pouces & fa longueur de deux piés comme le précédent.

3. Autre ais pour recevoir les pages de diftribution des formats in-folio, in-quarto, in-octavo, &c. par demi-forme; fa longueur eft de vingt pouces, & la largeur de douze pouces.

4. Appareil de la figure premiere de la vignette. A B la chaudiere de cuivre qui contient la leffive. C tuyau cylindrique dans lequel on fait un feu de charbon pour échauffer la leffive qui fert à nettoyer les formes : le fond de ce tuyau eft occupé par une grille qui retient les charbons, au-deffous on voit une poêle à trois piés qui fert de cendrier. D partie mobile du couvercle, que l'on ouvre pour puifer la leffive avec la cuiller M qui eft au-deffus & la jetter fur la forme qui eft dans le baquet. E tuyau de communication du baquet à la chaudiere, que l'on ferme du côté du baquet avec un tampon, pour retenir la leffive fur la forme; on ouvre ce tuyau pour laiffer rentrer la leffive dans la chaudiere. F gargouille du baquet G H I K, qui eft porté par deux tréteaux, le deffus du bord du baquet, qui eft de pierre, eft revêtu d'une bande de fer pour le garantir du frottement des chaffis des formes, qui l'auroient bientôt détruit fans cette précaution. On voit dans le baquet une forme in-folio, & au-deffus en L la broffe dont on fe fert pour la nettoyer.

PLANCHE XIV.

La vignette repréfente l'intérieur de l'attelier où font les preffes : cet attelier n'eft point ordinairement féparé de celui de la compofition que la vignette de la Planche premiere repréfente, & en ce cas les rangs de caffe occupent la place la plus éclairée près les fenêtres de la falle où l'Imprimerie eft établie, & les preffes font dans l'autre partie; mais nous avons préféré avec raifon de féparer ces deux atteliers qui n'auroient pu être repréfentés fans confufion dans la même vignette. On voit dans le fond la porte qui communique à l'attelier des compofiteurs, ainfi qu'il a été dit dans l'explication de la Planche premiere, & autour des murailles plufieurs tablettes fur lefquelles font des rames de papier.

Fig. 1. Compagnon imprimeur qui étend une feuille de papier blanc fur le tympan de la preffe, obfervant de la bien marger fur celle qui eft collée au tympan : la frifquette de cette preffe eft appuyée contre la muraille de l'attelier.

2. Autre ouvrier, compagnon du précédent, qui touche la forme avec les balles qu'il tient des deux mains pour encrer l'œil de la lettre, cette opération faite il s'éloigne, continuant de diftribuer l'encre fur les balles, & le premier ouvrier abaiffe la frifquette fur le tympan, & celui-ci fur la forme; enfuite faififfant de la main droite le manche du barreau & de fa gauche la manivelle, il fait gliffer le train de la preffe fous la platine qui foule le tympan, & par conféquent la feuille fur la forme, il imprime de cette maniere la premiere moitié de forme, c'eft là le premier coup; enfuite ayant lâché le barreau prefque jufqu'à fon appui, il continue

de tourner la manivelle pour faire glisser le train de la presse jusqu'à ce que la seconde moitié soit sous la platine, c'est le second coup, & la feuille est imprimée. Il déroule ensuite le tout, leve le tympan & la frisquette pour enlever la feuille imprimée qu'il dépose sur son banc à côté du papier blanc, ainsi qu'il sera dit dans l'explication du bas de la Planche.

On voit par la figure, que la presse est affermie dans la situation verticale par six étançons qui arc-boutent contre le plancher de l'attelier & contre le sommet des jumelles de la presse.

3. Ouvrier qui tire le barreau pour imprimer le premier coup. Il tient le manche du barreau de la main droite le bras étendu, le corps penché en-arriere. Pour être plus en force il étend la jambe droite en-avant, le pié étant posé sur le plan incliné qui est au-dessous de la presse, pour qu'il y trouve un appui solide; on nomme ce plan incliné *marche-pié*. La main gauche de l'ouvrier tient la *manivelle* ou poignée de la broche du rouleau, dont l'action est de faire avancer ou rétrograder le train de la presse.

4. Ouvrier, compagnon du précédent; il distribue l'encre sur les balles, & en même tems examine la feuille qui vient d'être tirée, pour connoître si la teinte de l'impression se soutient toûjours la même, & être en état de rectifier son travail, s'il s'apperçoit de quelque inégalité dans la couleur des pages. Il doit aussi avertir celui qui tire le barreau des accidens ou défauts qui surviennent dans le courant du travail, pour y remédier.

Bas de la Planche.

Plan à vue d'oiseau de la presse, dont on trouvera les élévations perspectives & géométrales dans les deux planches suivantes. Le train de la presse répréfenté ouvert, le coffre en plan, le tympan & la frisquette en racourci, ainsi que la *fig.* 4. de la Planche suivante l'exige.

B C, D E les jumelles de la presse de sept pouces & demi de largeur, sur trois pouces & demi d'épaisseur. *a a, b b* les deux vis de chaque côté à tête annulaire, qui assemblent les jumelles à l'entre-toise supérieure, comme on le voit *fig.* 4. Pl. XVII. H F M N train de derriere la presse, sur lequel l'encrier est placé. H F G L l'encrier. L la palette avec laquelle on prend l'encre pour la rassembler dans le coin de l'encrier. G le broyon. K endroit de l'encrier sur lequel l'imprimeur étend & broye son encre avec le broyon; c'est dans cet endroit qu'il pose une de ses balles pour prendre l'encre, qu'il distribue ensuite d'une balle à l'autre. O P Q R le coffre de la presse, dans lequel est enchâssé un marbre, & c'est sur ce marbre qu'est posée la forme dans son chassis. On voit que le chassis est arrêté aux quatre angles par des coins de bois placés entre les cornieres où cantonnieres du coffre & le dehors du chassis, pour que la forme soit inébranlable sur le marbre. Q *q*, R *r* les couplets du tympan Q R T S qui assemblent à charniere le tympan avec le coffre; le tympan paroît recouvert par une feuille qui a été imprimée sur la forme contenue dans le coffre, ainsi que les chiffres 1, 4, 5, 8, que l'on voit répétés, le font connoître. S T V X la frisquette. S *s*, T *t* les couplets ou charnieres de la frisquette qui servent à l'assembler avec le tympan; les pages posées sur le tympan & les ouvertures de la frisquette paroissent beaucoup plus courtes que celles de la forme, quoiqu'elles leur soient cependant parfaitement égales, c'est un effet de la projection verticale de ces deux plans inclinés à l'horizon, ainsi qu'on peut le reconnoître par *fig.* 3. où les mêmes parties sont signalées des mêmes lettres.

Le banc des imprimeurs, ou la tablette à laquelle ils ont donné ce nom, sur laquelle le papier blanc Y, & le papier imprimé Z sont placés, est quelquefois un coffre comme on le voit *fig.* 4. de la vignette, ou seulement une table soutenue par deux tréteaux; dans l'un & l'autre cas elle est toujours placée à droite de l'imprimeur, le papier blanc Y plus près de la presse, presque vis-à-

vis le lieu où s'arrête le tympan lorsque la presse est déroulée, afin que l'imprimeur puisse poser les feuilles sur le tympan avec plus de facilité. L'imprimeur prend la feuille par les deux points *a* & *b*, la main droite au point *a* & la gauche au point *b*, & la porte ainsi étendue sur le tympan Q R S T, observant d'en faire convenir les bords à ceux de la feuille qui est collée au tympan, c'est ce qu'on appelle *marger*.

Pour lever la feuille imprimée qui est sur le tympan l'imprimeur la prend par les deux angles de son côté *c* & *d*, & la porte sur son banc en Z, où il forme une pile de papier imprimé, en faisant passer successivement toutes les feuilles du tas Y au tas Z, à mesure qu'elles sont imprimées.

PLANCHE XV.

Fig. 1. Rouleau du train vu en plan. *p o* sa broche. *a* manivelle. *c d* corde qui va s'attacher au crampon du coffre du côté de la manivelle. *e f* autre corde qui, après avoir traversé la table du coffre, va s'enrouler & s'attacher au rouleau du chevalet du tympan. Le rouleau *e c* a deux gorges & trois rebords; celui du milieu empêche les deux cordes de se mêler ensemble.

2. Le sommier d'en-haut de la presse. XX le sommier vu par le devant & en-dessus. XX les doubles tenons qui sont reçus dans les mortoises des jumelles, comme on le voit dans la *fig.* 3. qui représente la presse vue du côté du dehors. 2, 4 trous pour passer les crochets qui suspendent l'écrou de la vis. 6 entonnoir par lequel on verse l'huile qui y est nécessaire; au-dessous on voit le plan du même sommier vu par dessous. *x x, x x* les doubles tenons: on a représenté la même presse dans la Planche suivante avec un sommier à simples tenons, y en ayant aussi de cette construction.

3. La presse en perspective vue du côté du dehors; cette figure est l'élévation à laquelle est relatif le plan contenu dans la Planche précédente. *b c, d e* les patins de la presse, de trois pouces & demi de haut sur quatre de large. *f g* une des jumelles, de sept pouces & demi de large sur trois & demi d'épaisseur. N M la tablette du train de derriere la presse, sur laquelle est posé l'encrier. G la poignée du broyon. K un des deux montants de derriere, de trois pouces & demi d'équarrissage, sa distance à la jumelle est de quatorze pouces; ce montant & son opposé parallele reçoivent les tenons de trois entre-toises, qui ont chacune trois pouces & demi d'équarrissage. *i* entretoise inférieure; celle qui est au-dessus, & dont la face supérieure est au niveau du dessus du sommier d'en-bas porte une des extrêmités du barreau. L'entre-toise supérieure que l'on ne voit point dans la figure, est au niveau de l'entre-toise *h*, & sert à supporter la tablette H M du train de derriere de la presse, à la hauteur de trois piés au-dessus du rez-de-chaussée.

Entre les deux jumelles on voit le sommier d'en-haut *x*, au-dessous duquel paroît le barreau, dont le manche est désigné par la lettre A; plus bas est la tablette *y*, & au-dessous la platine *z*: on verra toutes ces parties plus distinctement dans l'élévation géométrale que l'on trouvera dans la Planche XVII.

O P Q R le coffre de la presse supporté par le berceau. *r m* un des battemens du berceau, qui est porté d'un bout sur l'entre-toise dont on a parlé ci-dessus, dans son milieu par le sommier d'en-bas, & l'autre bout par le pié *n p*. *o* extrêmité de la broche du rouleau suspendue par un piton à patte, de même que l'extrêmité opposée du côté de la manivelle. *m* marche-pié sur lequel l'imprimeur avance la jambe droite lorsqu'il tire le barreau, ainsi qu'on le voit dans la vignette précédente. *q* extrêmité de la table du coffre sur laquelle est placé le chevalet du tympan. *r* un des tourillons du rouleau sur lequel s'enroule la corde *e f*, *fig.* 2. *t* chevalet du tympan. Q R S T le tympan sur lequel une feuille

feuille de papier est étendue pour être imprimée. STVX la frisquette; l'arc de cercle ponctué V*u*Q indique le chemin que parcourt la frisquette lorsqu'on l'abaisse sur le tympan; & l'arc aussi ponctué S*s*P celui que parcourt le tympan pour être abaissé sur la forme in-quarto que l'on voit représentée sur le marbre qui est dans le coffre OPQR de la presse.

PLANCHE XVI.

Cette Planche contient le plan du berceau & l'élévation perspective de la presse vue du côté du dedans ou du côté de l'imprimeur. La Planche suivante contient l'élévation géométrale & les développemens. On a observé autant qu'il a été possible, de mettre les mêmes lettres aux mêmes parties, pour qu'on puisse en faire la comparaison avec plus de facilité.

Fig. 1. Coupe transversale du berceau. QR les battemens formés chacun d'une piece de bois élégie par une feuillure. *qqrr* les deux petites poutres qui soutiennent les bandes de fer 1, 2.

2. Plan du berceau de la presse. QR, FM les deux battemens; ils sont assemblés l'un à l'autre par deux entre-toises QR, FM, qui servent d'emboîtures aux deux petites poutres qui soutiennent les bandes. DEBC les deux jumelles éloignées l'une de l'autre d'environ un pié 9 ou 10 pouces, ce qui est la largeur du berceau; le berceau est posé sur le sommier inférieur de la presse, on le voit par les trois ouvertures que laissent entr'elles les deux battemens & les deux petites poutres. *deef* la corde du rouleau. *p o* broche du rouleau. *a* la poignée de la manivelle.

3. Elévation perspective de la presse vue du côté du dedans ou du côté de l'imprimeur. On voit dans cette figure le train de derriere de la presse sur lequel l'encrier est posé. *bcde* les patins de trois pouces & demi de haut sur quatre pouces de large. BC, DE le haut des jumelles auquel on fixe les étançons qui affermissent la presse comme on le voit dans la vignette Pl. XIV. *fg* la jumelle du côté du dedans de la presse, de 3 pouces & demi d'épaisseur sur 7 pouces & demi de largeur, à laquelle sont fixées les chevilles & sur lesquelles l'imprimeur pose ses balles. *kk* les deux montans du train de derriere de la presse de 3 pouces & demi d'équarrissage; la distance entre ce montant & la jumelle du même côté est de quatorze pouces; la hauteur de la table NNH au-dessus du sol est de trois piés; les deux montans sont assemblés l'un à l'autre par le haut, & aux jumelles par trois entre-toises *hh*, qui affleurent le dessous de la table de l'encrier; trois autres entre-toises *iii* fortifient cet assemblage; les deux montans portent le faux sommier 1, 2, sur lequel porte une des extrêmités du berceau MR, l'autre extrêmité étant portée par le pié *nn*. PQ est le coffre qui contient la forme & le tympan. Près le point P on voit l'extrêmité fermée de la gouttiere par laquelle s'écoule du côté du dehors de la presse l'eau superflue dont on s'est servi pour ramoitir le tympan ou la marge; c'est dans cette même gouttiere, qui est de fer-blanc, que l'imprimeur dépose l'éponge dont il se sert. *q tt* le chevalet du tympan. *r* le rouleau pour bander la corde du rouleau. *p* extrêmité de la broche du rouleau. *a* la manivelle; on voit dans l'encrier le broyon G & la palette L.

PLANCHE XVII.

Développemens de la Presse contenue dans la Planche précédente.

4. Elévation géométrale de la presse. *b d* les patins. *gf gf* les jumelles de trois pouces & demi d'épaisseur, leur longueur y compris les patins, est de cinq piés & demi. *gg* entre-toise inférieure, *ff* entre-toise supérieure, qui assemblent les deux jumelles au moyen de quatre vis à pitons; les écrous sont encastrés dans les jumelles qui ont trois à quatre pouces d'équarrissage. XX le sommier d'enbas de six pouces d'épaisseur, sur une largeur égale à celle des jumelles; au-devant on voit le pié qui soutient le berceau. *pp* chapeau du pié. *np, np* les deux montans. *nn* entre-toise. QR les deux battemens du berceau qui servent de guides à la table du train de la presse, on a aussi supprimé dans cette figure le chevalet du tympan & la gouttiere, pour laisser voir les charnieres qui l'assemblent avec le coffre. *ζζ* l'enchâssure de la platine, elle est de bois; aux quatre angles de cette enchâssure sont des pitons pour recevoir les cordes qui suspendent la platine à la boîte de l'arbre de la vis. *yy* la tablette qui sert de guide à la boîte de l'arbre de la vis. 3, 5 tête de l'arbre de la vis dans laquelle le barreau 3, 7, 8, A est passé & retenu par une clavette. 7 le chevalet du barreau. 8 A le manche du barreau. 2, 3 : 4, 5 les crochets qui retiennent l'écrou dans le sommier. *xx* le sommier, dont les tenons traversent les jumelles; le sommier a sept pouces d'épaisseur, sur une largeur égale à celle des jumelles.

5. Elévation géométrale de la jumelle qui porte le chevalet du barreau, vue du côté intérieur de la presse. *d* tenon qui s'assemble dans le patin. *gg* mortoise qui recoit le tenon de l'entre-toise inférieure. XX, XX les deux mortoises qui reçoivent les doubles tenons du sommier inférieur; dans quelques presses ces mortoises sont percées d'outre en outre. *yy* la tablette qui sert de guide à la boîte; cette tablette est coupée par le milieu de l'ouverture 6 7 qui reçoit la boîte. 5 4 coin à queue d'aronde pour serrer la tablette & la fixer dans l'entaille de la jumelle qui la reçoit. 1, 2 le chevalet du barreau. *x, x x* la longue mortoise qui recoit le tenon du sommier d'en-haut; cette mortoise est percée d'outre en outre pour pouvoir garnir le tenon avec plus de facilité : dans quelques presses cette mortoise est double, comme on voit, *fig.* 3. Pl. XV. & en ce cas le sommier a de chaque côté un double tenon. On fait cette mortoise plus longue que le tenon qu'elle doit recevoir, non-seulement pour pouvoir élever ou abaisser le sommier supérieur à volonté, & par ce moyen alonger ou raccourcir le coup du barreau; mais aussi pour qu'étant garnie de matieres élastiques, comme de morceaux de chapeaux, &c. le coup de barreau en soit plus doux. *ff* mortoise qui reçoit le tenon supérieur de l'entre-toise d'en-haut.

6. Le sommier d'en-haut vu par dessous. *xx* les deux tenons. 3, 5 les deux crochets qui retiennent l'écrou de la vis : au-dessus on voit l'entre-toise supérieure dont les tenons sont marqués par les lettres *fff*.

7. Le sommier d'en-bas vu par dessus. XX les doubles tenons qui sont reçus dans les mortoises des jumelles, au-dessous on voit l'entre-toise inférieure dont les tenons sont marqués par les lettres *gg gg*.

8. Les deux parties de la tablette qui sert de guide à la boîte de l'arbre de la vis. *yyyy* moitié de la tablette qui porte les deux tenons *c, c. yy* seconde moitié de la tablette : cette moitié a des mortoises qui reçoivent les tenons *c, c*, lorsque les deux parties sont réunies. *a b* ouverture qui reçoit la boîte; cette ouverture est garnie d'un rebord, ainsi que les côtés extérieurs de la tablette, comme on le peut voir au profil, *fig.* 5.

9. Représentation perspective de la platine, de son enchâssure, de la boîte, de la vis & du barreau. *ζζζζ* l'enchâssure de la platine; sa longueur *ζζ* est de seize pouces, sa largeur *ζy* de dix pouces, & son épaisseur de deux pouces. Cette enchâssure est représentée séparément & en perspective, *fig.* 9 *n°.* 2. 1, 2, 3, 4 les quatre pitons à vis qui reçoivent les ficelles par le moyen desquelles l'enchâssure est suspendue aux quatre crochets de

N°. 3.

C

la boîte BC. On voit dans cette figure le vuide qui reçoit la platine de cuivre ou de fonte ; le milieu de cette platine eſt la crapaudine qui reçoit la grenouille *x fig.* 10. *l* extrémité inférieure ou pivot de l'arbre qui traverſe la boîte BC. *fg* tête de l'arbre, laquelle reçoit le barreau coudé *gfhi* A. *i* A le manche du barreau. *eee* la vis à quatre filets.

Au-deſſus de la vis on voit l'écrou *ac*, il eſt de cuivre & a deux oreilles *b* & *d*, par le moyen deſquelles il eſt ſuſpendu dans le ſommier au moyen des crochets 2, 3, 4, 5 terminés en vis, garnies d'écrous à leur partie ſupérieure.

10. Développemens de la vis, de ſa boîte, *&c. e* vis à quatre filets repréſentée géométralement. *fg* tête de l'arbre percée de deux trous qui ſe rencontrent à angles droits, & ſont deſtinés à recevoir le barreau. *l* goutte ou virole qui retient la boîte ſur l'arbre. *m* clavette double qui traverſe l'arbre & retient la rondelle. 1 pivot de l'arbre ; il eſt d'acier trempé. BC la boîte en perſpective. *no, no* deux des quatre crochets par leſquels la platine eſt ſuſpendue ; ces crochets ſont placés dans les feuillures pratiquées aux faces antérieures & poſtérieures de la boîte, & y ſont retenus par deux frettes, comme on le voit par la figure précédente. *x* crapaudine dans laquelle eſt le grain ou dé d'acier qui reçoit le pivot de l'arbre ; cette crapaudine s'encaſtre dans le vuide qui eſt au centre de la croiſée de la platine. *ʒyyʒ* platine de cuivre ; la croiſée & les anneaux ſont fondus d'un même jet.

Pour fabriquer la vis, après que la pièce eſt forgée dans les proportions convenables, on l'arrondit ſur le tour, enſorte que la partie deſtinée à devenir la vis ſoit parfaitement cylindrique ; on trace enſuite les quatre filets qui doivent avoir quatre lignes de large & autant de profondeur en cette manière.

Ayant pris une bande de papier, dont la largeur ſoit égale à la hauteur de la partie cylindrique, & la longueur égale à ſa circonférence, ce que l'on trouvera en enveloppant le cylindre avec cette bande de papier repréſentée par la figure au bas de cette page, où la hauteur AB ou CD eſt de cinq pouces quatre lignes, & la longueur AC ou BD égale à la circonférence de la vis. Cela fait on diviſera les hauteurs AB & CD en 16 parties égales B*a, ab, bc, cd, de, ef, fg, gh, hi, ik, kl, lm, mn, no, op,* p A:D, 1, 2, 3, 4, 5, 6, 7, 8, 9, 10, 11, 12, 13, 14, 15, 16; par les points *h* & 8, on tirera la ligne *h*8 qui diviſera le parallélograme ABCD en deux autres parallélogrames A*h*8C & *h*BD8, dans le premier deſquels on tirera la diagonale 16*h*, & dans le ſecond la diagonale B 8 ; enſuite par les points 9 & *a :* 10, *b :* 11, *c :* 12, *d :* 13, *e :* 14, *f :* 15, *g,* on tirera des lignes qui diviſeront le parallélograme oblique-angle C*h*B8 en huit parallélogrames égaux ; on achevera de diviſer les deux triangles A*h*C & BD8

par des lignes parallèles aux lignes précédentes, leſquelles paſſeront pour le premier triangle par les points *i, k, l, m, n, o, p,* & pour le ſecond par les points 1, 2, 3, 4, 5, 6 & 7, il ne reſtera plus pour terminer cette épure, qu'à remplir au pinceau avec une couleur quelconque, le vuide de quatre lignes de large qui ſe trouvera entre deux traits voiſins, on laiſſera en blanc l'intervalle des deux traits ſuivans, & on remplira le vuide entre ceux qui ſuivent, ainſi alternativement un eſpace coloré & un réſervé en blanc ; cela fait, on enduira de colle de farine ou d'empoi le revers de la bande de papier, que l'on appliquera & collera ſur la circonférence du cylindre deſtiné à devenir une vis, faiſant exactement convenir le point D avec le point B, & le point C avec le point A.

Après que le papier aura ſéché ſur la pièce de fer, on fera paſſer l'empreinte des traits ſur le cylindre, en ſe ſervant pour cela d'un ciſeau d'acier & d'un marteau à main d'un poids convenable pour que les traits pénétrent d'environ un quart de ligne dans la ſurface du cylindre, on échopera enſuite avec des burins les parties qui doivent être enlevées pour former les quatre helices concaves, profondes de quatre lignes, les parties réſervées formeront les quatre filets de la vis, on perfectionne le tout avec des limes d'un grain & d'une forme convenables. *Voyez* auſſi l'article ETAU & les Planches qui y ſont citées.

La vis entièrement achevée, on fabrique l'écrou qui eſt de cuivre & fondu ſur la vis même ; pour cela on fait en bois un modèle de l'écrou que l'on place ſur la vis même, on moule le tout en ſable entre deux chaſſis ; le modèle de l'écrou fait place dans le ſable au métal qui doit le former. On ouvre le moule pour retirer le modèle & le ſéparer de la vis que l'on enduit d'une légère couche d'argille ou d'ocre ; on la fait enſuite chauffer avant de la replacer dans le moule que l'on referme deſſus, & l'on verſe le métal fondu, qui en rempliſſant le vuide qu'occupoit le modèle & l'intervalle des ſpires ou pas de la vis, forme l'écrou de cuivre qu'il faut enſuite dévêtir de deſſus la vis, pour que ces deux pièces aient le jeu néceſſaire. C'eſt pour faciliter cette opération, que l'on enduit les filets de la vis d'une légère couche d'argille employée au pinceau.

Pour dévêtir l'écrou on le forge à grands coups ſur les quatre faces pour l'élargir un peu, enſuite on le place dans une ouverture quarrée pratiquée dans un fort bloc de pierre ou dans une forte preſſe, en ſorte que le pivot de la vis ſoit en-haut, & avec une clé ou tourne-à-gauche dont l'œil reçoit le quarré de la vis, on la tourne avec force, & par ce moyen on dévêtit l'écrou de deſſus ſa vis, on nettoye la vis, on y met de l'huile, & on la fait rentrer à pluſieurs fois dans l'écrou pour alezer l'un ſur l'autre.

On conſtruit des preſſes différentes de celle que l'on vient de décrire, en ce que la vis n'a point de boîte,

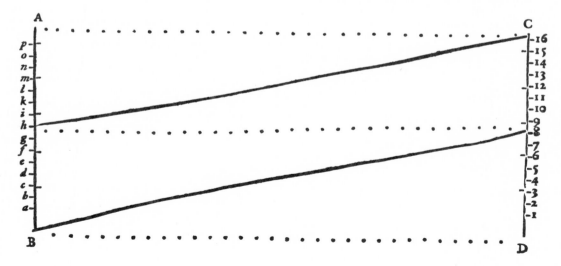

mais un collet qui reçoit une traverse de cuivre en deux parties lui servant de collier. Les deux extrêmités de cette traverse de cuivre sont terminées en tenons qui sont reçus & coulent dans de longues mortoises pratiquées aux faces internes & opposées des jumelles, en sorte que cette traverse & son collier suivent le mouvement vertical de la vis, mais ne sçauroient tourner : c'est aux bras de ce collier que de part & d'autre la platine de la presse est suspendue soit par quatre ou deux tiges verticales terminées en vis à leur partie supérieure, à la rencontre des bras qu'elles traversent, & audelà desquels elles reçoivent les écrous qui servent à les fixer & à établir le parellelisme en tous sens avec le dessus du tympan ou le marbre sur lequel la forme est posée ; ces tiges tiennent lieu des cordes z C y C que la *fig.* 9. représente.

PLANCHE XVIII.

Cette Planche contient les développemens du train de la presse.

Fig. 1. Plan géométral du coffre & de la table q O P q qui lui sert de fond. OPQR le coffre formé par quatre pieces de bois de deux pouces d'équarrissage. o O o ; p P p, q Q q, r R r les quatre cantonnieres ou cornieres du coffre. rr le chevalet du tympan.

1. n°. 2. Plan du dessous de la table. P qq O la table. PQRO les rebords du coffre. 1, 2, 3, 4, 5, 6 ; 1, 2, 3, 4, 5, 6 les pattes au nombre de douze ; ce sont ces pattes qui glissent sur les deux bandes du berceau, *fig.* 2. Pl. XVI.

1. n°. 3. Profil du train pour faire voir comment la corde attachée d'un bout au coffre en A, passe sur le rouleau B, traverse la table, & va s'attacher au rouleau r du chevalet t du tympan.

2. Le coffre & la table vus en perspective. tt le chevalet du tympan, r un des tourillons du rouleau qui sert à bander la corde du train.

3. Le marbre de la presse. $abcd$ les quatre bouts des deux ficelles par le moyen desquelles on descend le marbre dans le coffre qui est au-dessous, dans lequel on a premierement répandu un lit de son pour lui donner une assiette solide ; les bouts des ficelles qui servent aussi à le relever, se couchent le long des côtés du coffre entre le marbre & les mêmes côtés, on remplit le vuide avec des reglettes de bois d'une épaisseur convenable.

4. Le tympan vu du côté opposé à celui de la *fig.* 3. Pl. XV. a, c les écrous des vis qui retiennent les pointures. b écrou de la vis qui sert à fixer le petit tympan dans le grand. Q R charnieres ou couplets du grand tympan, par lesquels il s'assemble avec le coffre. T e S traverse de fer du tympan du côté de l'entrée de la platine. d poignée du tympan servant à l'imprimeur pour le relever.

4. n°. 2. Plan géométral du tympan vu par le dessus ; le tympan est représenté garni de sa peau. a, c trous pour passer les vis des pointures. b trou pour passer la vis qui retient la piece servant à fixer le petit tympan dans le grand. R Q les couplets ou charnieres du tympan. S T sa traverse de fer.

5. Les blanchets qui se placent dans le tympan immédiatement au-dessus de la peau ou parchemin qui y est collé & étendu, ce sont des morceaux d'une étoffe de laine connue sous le nom de *moëlleton*, que l'on coupe de la grandeur de l'intérieur du tympan, pour former ce qu'on appelle des *demi-blanchets* & d'une grandeur double, que l'on ploye en deux pour former un blanchet.

6. La carte ou carton que l'on met dans le tympan pardessus les blanchets ; la carte est composée de plusieurs feuilles de papier collées les unes aux autres ; on y applique en-dessous autant de pieces de papier & de la même grandeur qu'il y a de pages dans la forme que l'on veut imprimer ; ces pieces qui doivent répondre exactement aux pages, font qu'elles sont foulées avec plus de facilité par la platine de la presse ; on se sert aussi de cet expédient pour

remédier à certains défauts, soit de la platine ou de quelques autres parties de la presse.

7. Le petit tympan garni de sa peau ; il s'enclave dans le grand, où il est arrêté d'un bout par trois languettes de fer rivées au-dessous de la traverse de fer du chassis, les trois autres côtés étant de bois, ou pour le mieux de bandes de fer posées de champ ; on introduit ces trois languettes sous la bande de fer e du grand tympan, *fig.* 4. L'autre extrêmité du chassis du petit tympan est retenue & fixée dans le grand tympan par une piece que la vis b, même figure, assujettit. On trouvera cette piece à la *fig.* 10.

7. n°. 2. Plan géométral du petit tympan garni de sa peau. Dans cette figure relative à celle qui est au-dessous on distingue les trois languettes 1, 2, 3 qui entrent sous la barre T S du grand tympan. Le côté opposé bd est retenu au point a par la piece, *fig.* 10. La vis qui assujettit cette piece passe par le trou b de la figure inférieure.

8. TSVX la frisquette d'un in-folio. T, S petits couplets par lesquels la frisquette est attachée au grand tympan, *fig.* 4. & 4. n°. 2. en T & S, où il y a de semblables couplets. ab les ouvertures des pages.

8. n°. 2. Plan de la frisquette vue du côté qui s'applique à la feuille que l'on veut imprimer. T S les couplets de la frisquette, ils s'assemblent par des broches à ceux du grand tympan en T & en S ; le chassis T V X S de la frisquette est formé par des lames de fer ; c'est sur ces lames que l'on colle le papier, qui étant découpé ensuite selon la forme des pages, forme proprement ce qu'on appelle *frisquette*, qui préserve la feuille de papier étendue sur le tympan des atteintes de l'encre dont les garnitures de la forme sont couvertes. a & b l'ouverture des deux pages in-folio. 1 échancrure pour laisser passer la signature.

9. Elévation géométrale du chevalet du tympan. qq la table du coffre. rr le rouleau. tt le chevalet soutenu par deux montans.

10. a profil d'une des pointures avec son clou à vis & son écrou. b plan de la pointure. c clou à vis. d écrou. e clou à vis de l'arrêt du petit tympan. f l'arrêt du petit tympan. g écrou pour fixer cet arrêt.

PLANCHE XIX.

Cette Planche contient différens outils à l'usage de l'imprimeur, & la suite des opérations pour monter les balles.

Fig. 1. Marteau ; il n'a rien de particulier.

2. Taquoir ; il est de bois, on le frappe avec le manche du marteau pour faire enfoncer les lettres qui peuvent se trouver élevées dans une forme, avant de la serrer entierement ; c'est pour cela qu'on a représenté ces deux instrumens au-dessous l'un de l'autre. La *fig.* 3. de la Planche premiere fait voir comment on en fait usage.

3. Compas.

4. Vrille pour percer les bois de garnitures, & faire place aux pointures lorsqu'elles les rencontrent.

5. Pointe pour corriger.

6. Lime.

7. Clé pour serrer ou desserrer les écrous des pointures & de l'arrêt du tympan.

8. Pié-de-biche servant à monter & à démonter les balles ; il sert de marteau par la partie a pour enfoncer les clous, & de tenaille ou pié-de-biche par l'extrêmité b, pour les arracher.

9. Ciseaux servant à découper les frisquettes ; ils n'ont rien de particulier.

10. Couteau pour ratisser les balles.

11. Décognoir pour desserrer les coins des formes.

12. Ebarboir, petit ciseau d'acier pour couper le plomb superflu du corps dequelques lettres, & empêcher par ce moyen que ces parties ne soient atteintes par les balles, & qu'elles ne rendent au papier l'encre qu'elles auroient reçue.

13. L'encrier vu du côté de l'ouvrier. G le broyon; il est de bois. L la palette.
14. Coupe du bois d'une balle.
15. Plan du bois d'une balle vu par le dedans.
16. Profil du bois d'une balle.
17. Le bois de la balle vu en perspective & prêt à recevoir la laine cardée dont on l'emplit.
18. Pain de laine dont on remplit le bois.
19. Peau ou cuir servant de doublure.
20. Cuir servant de dessus.
21. Balle toute montée & prête à recevoir l'encre.
22. Les deux balles appliquées l'une à l'autre, comme celles que tient le compagnon, *fig*. 4. Pl. XIV.

occupé à distribuer l'encre de ses balles de l'une à l'autre, ou comme on les place l'une sur l'autre sur les chevilles de la presse représentées en *&*, *fig*. 3. de la Pl. XVI. les deux chevilles embrassant la poignée de la balle inférieure.

Si on joint à la lecture de ces explications celle des articles IMPRIMERIE & CARACTERES, & celle des explications des Planches de ce dernier art dans les Volumes précédens, on aura l'intelligence de l'art vraiment admirable de conserver & de multiplier les pensées des hommes, art qui a déja produit de grands changemens dans le monde, ainsi que l'invention de la poudre & de la boussole.

Epreuve des caracteres représentés au bas de la Planche ci-jointe, par laquelle on voit que ce sont les parties de relief, réservées en blanc dans ce dessein, qui ont rendu à cette Page-ci l'encre dont elles ont été couvertes par l'attouchement des balles, au-lieu qu'à la gravure ce sont les parties concaves qui reçoivent l'encre pour la rendre au papier.

GLOIRE à DIEU.
Honneur au ROI.
Salut aux ARMES.

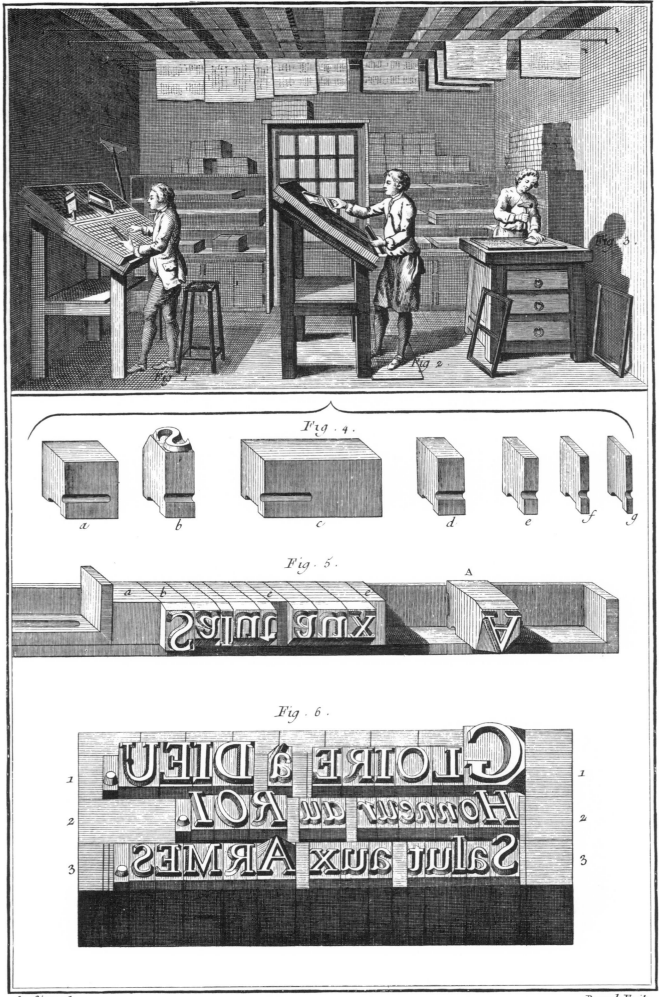

Pl. I.

Fig. 4.

a   b   c   d   e   f   g

Fig. 5.

a   b   c   e   A

Saint Jules   A

Fig. 6.

GLOIRE à DIEU.   1
Honneur au ROI.   2
Salut aux ARMES.   3

Goussier Del.   Benard Fecit.

Imprimerie en Lettres, L'Operation de la Casse

Pl. II.

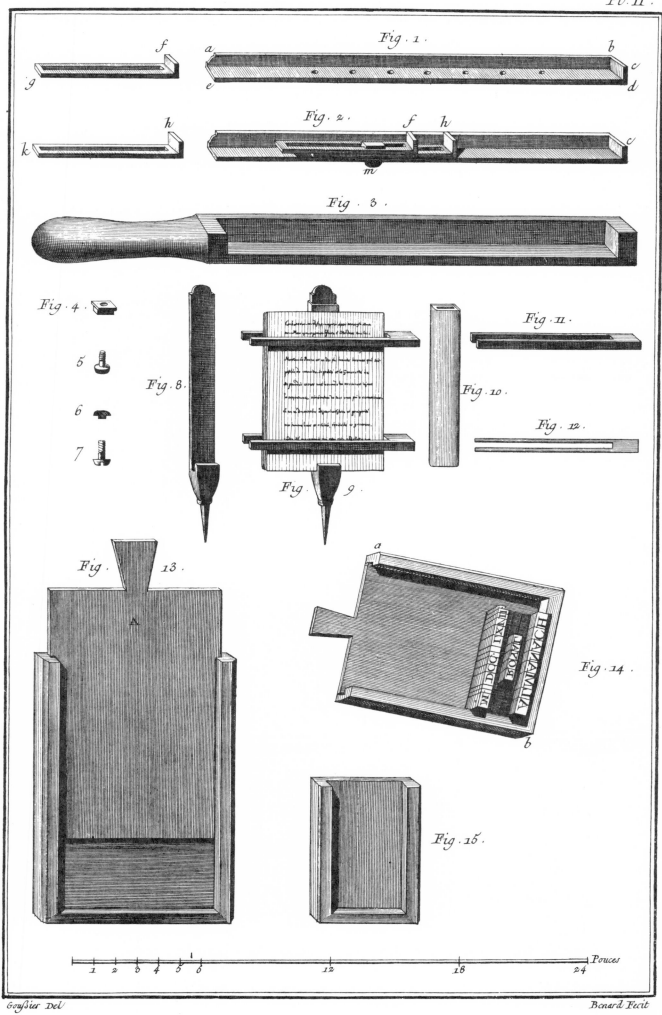

Fig. 1.

Fig. 2.

Fig. 3.

Fig. 4.

Fig. 8.

Fig. 9.

Fig. 10.

Fig. 11.

Fig. 12.

Fig. 13.

Fig. 14.

Fig. 15.

Pouces

Goussier Del.

Benard Fecit.

Imprimerie, Suite de la Casse. Ustensiles et Outils

Pl. III.

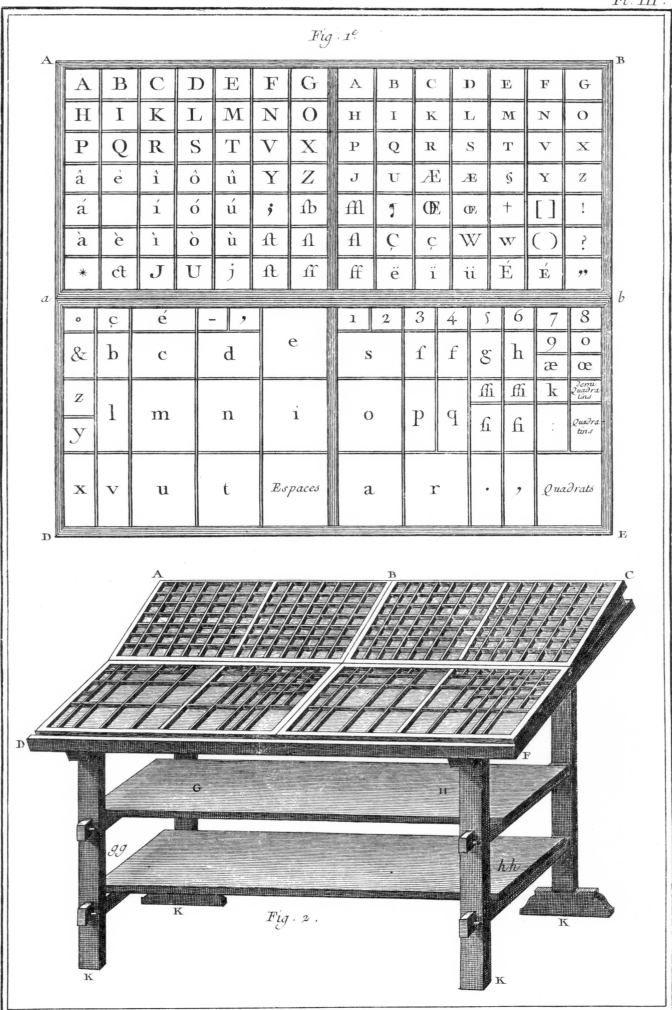

Fig. 1ᵉ.

Goußier Del.

Benard Fecit.

Fig. 2.

Imprimerie, Casse

Pl. IV.

Fig. 1.ʳᵉ

A	B	Γ	Δ	E	Z	H	Θ		I	K	Λ	M	N	Ξ	O	Π
A	B	G	D	E	Z	Ê	TH		I	K	L	M	N	X	O	P
P	Σ	T	Υ	Φ	X	Ψ	Ω									
R	S	T	Y	PH	CH	PS	Ô		mell	met	maton	môn	meta	meth	mn	mn

			men						mo		mo					
			mê	may	mas	mar	man		mô	my	mo	mi	mè	me	mai	ma
	kon	kn		kyi	kô	kas	kan		ko	ky	ko	ki	kè	ke	kai	ka
kra	kr	kl	kathô	katà	ke											
ell	el	thrô	thro	thn	kephalaion	thên	thay		thô	thy	tho	thi	thê	the	thai	tha

dex	ex	epey	evs		ei		esti		epeidê	epi		en	ek	ei		ei
dyn	dên	dio	dia	dia	dr		day	dan	dô	dy	do	di	dê	de	dai	da
dyi	dys		dei	oinctai		gey			ger	aro		gri	gi	gn	gm	
qyi	qyn	gen	gô	gè	gas	gar	gan		gô	gy	go	gi	gê	ge	gai	ga
gel				ao						an	ay	aytô	avtoy			
gell	all	al	ax	all	apo		ar			an	ay	aytô	aytoy	ayto	ay	ai

Fig. 2.

ssa	ssai	sse	ssê	ssi	sso		ssô		ssay	ssas	ssê					soy
stha	sthai	sthe	sthê	sthi	stho	sthr	sthô		sthen	stl	sa	so	sô	skê	sko	smi
sa	sai	se	sê	si	so	sy	sô		sari	sar	sas	sayta	syn	sê	sk	sm
para		pra		pro		prô								sei	sb	sph
pa	pai	pe	pê	pi	po	py	pô		pan	par	pas	pay	per	peri	pn	pt
															pl	pr

Goussier del.

Laurent Sculpsit.

Imprimerie, Casse Grecque et Casseau Supérieur de la Seconde Partie.

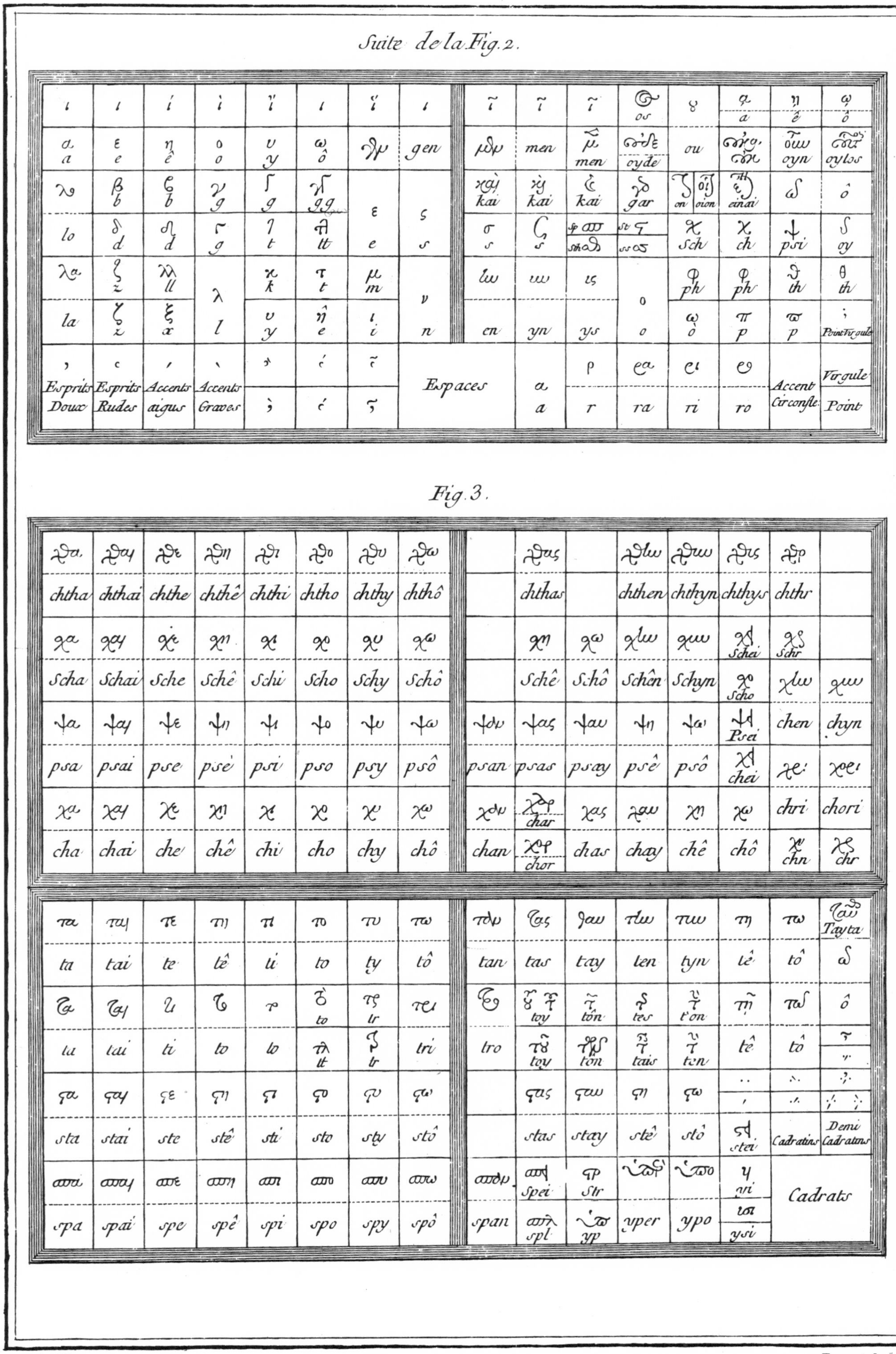

Pl. V.

Suite de la Fig. 2.

												os	8	q / a	η / ē	ω / ō
a / a	ε / e	η / ē	o / o	υ / y	ω / ō		gen	μυ / men	men	μ / men	oide / oyde	ou	/ oyn	oun / oyn	/ oylss
λ	β / b	/ b	γ / g	/ g	/ gg		ε / ς	και / kai	/ kai	/ kai	gar	on / oion	/ einai	ω / ō	ō
lo	δ / d	/ d	/ g	/ t	/ tt		ε / e		σ / s	/ s	/ stas	/ sos	χ / sch	χ / ch	ψ / psi	/ oy
λα	ζ / z	/ ll		κ / k	τ / t	μ / m		lu / en	ω	ις			φ / ph	φ / ph	θ / th	θ / th
la	ζ / z	ξ / x	λ / l	υ / y	/ e	/ i	ν / n	en	yn	ys	o	o	ω / ō	π / p	ω / p	; Point Virgule
, Esprits Doux	c Esprits Rudes	, Accents aigus	` Accents Graves	;	;	;	Espaces		a / a	ρ / r	ea / ra	; / ri	ω / ro	Accent Circonfle.	, Virgule . Point

Fig. 3.

chtha	chthai	chthe	chthê	chthi	chtho	chthy	chthô		chthas		chthen	chthyn	chthys	chthr
Scha	Schai	Sche	Schê	Schi	Scho	Schy	Schô		Schê	Schô	Schen	Schyn	Schai / Scho	Schr
psa	psai	pse	psè	psi	pso	psy	psô	psan	psas	psay	psè	psô	Psei / chei	chen / chyn
cha	chai	che	chê	chi	cho	chy	chô	chan	char / chor	chas	chay	chê	chô	chri / chori	chn / chr

ta	tai	te	tê	ti	to	ty	tô	tan	tas	tay	ten	tyn	tê	tô	Tayta / ō
la	lai	li	to	lo	tt	tri	tro	toy	ton / tes	t'on		tê	tô	/ ô	
sta	stai	ste	stê	sti	sto	sty	stô		stas	stay	stè	stô	stei	Cadratins	Demi Cadratins
spa	spai	spe	spê	spi	spo	spy	spô	span	Spei / spl	Str / yp	yper	ypo	yn / ysi	Cadrats	

Imprimerie.

Casse Grecque, Casseau inférieur de la seconde Partie, et troisieme Partie.

Pl. VI.

Fig. 1.   Fig. 2.   Fig. 3.   Fig. 4.   Fig. 5.   Fig. 6.   Fig. 7.   Fig. 8.

Goussier del.   Benard fecit.

Imprimerie, Impositions.

Pl. VII.

Fig. 9. *Fig. 10.*

Fig. 11. *Fig. 12.*

Fig. 13. *Fig. 14.*

Fig. 15. *Fig. 16.*

Goußier *Del.* Benard *Fecit.*

Imprimerie, Impositions.

Pl. VIII.

Fig. 17.

Fig. 18.

Fig. 19.

Fig. 20.

Fig. 21.

Fig. 22.

Fig. 23.

Fig. 24.

Goussier del.

Benard fecit.

Imprimerie, Impositions.

Pl. IX.

Fig. 25.   Fig. 26.

Fig. 27.   Fig. 28.

Fig. 29.   Fig. 30.

Fig. 31.   Fig. 32.

Goussier Del.

Benard Fecit.

Imprimerie, Impositions.

Pl. X.

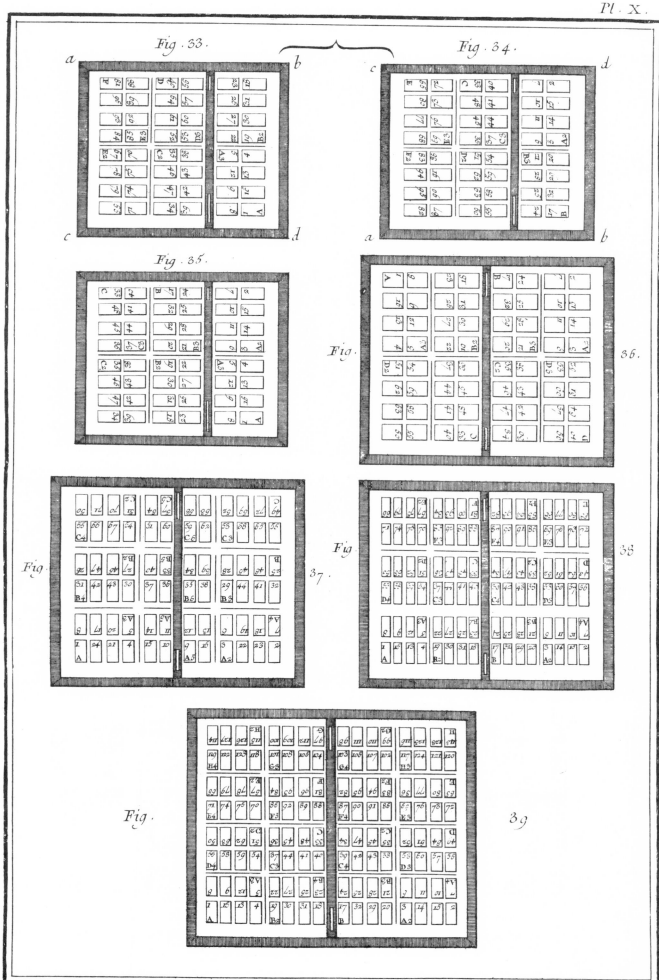

Fig. 33.

Fig. 34.

Fig. 35.

Fig. 36.

Fig. 37.

Fig. 38.

Fig. 39.

Imprimerie, Impositions.

Pl. XI.

Fig. 1.

Fig. 2.

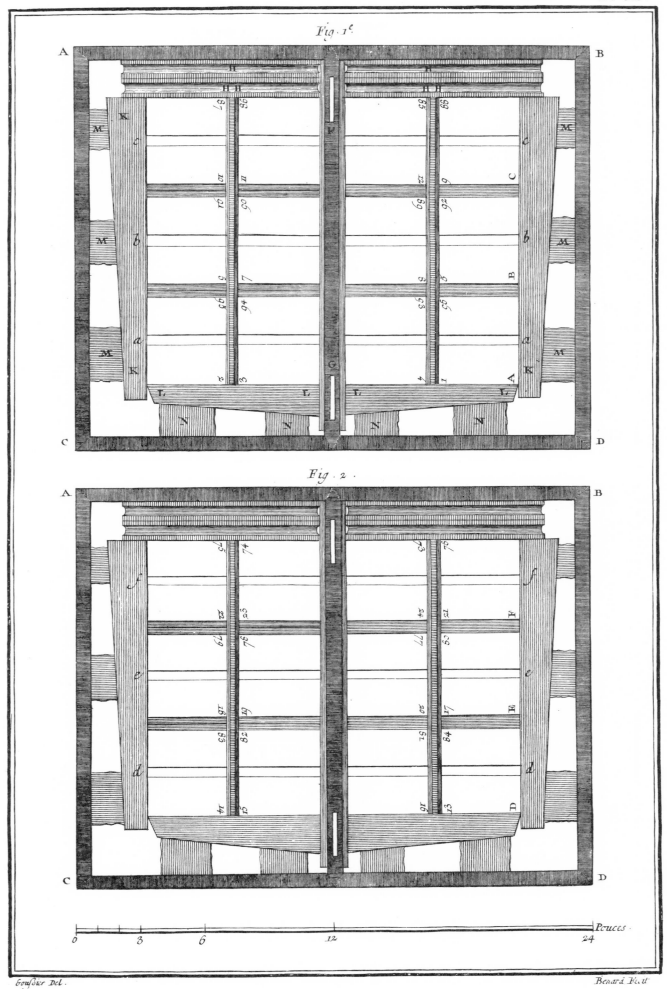

Po 24
0   3   6   12   24

Goussier Del.   Benard Fecit

Imprimerie, Imposition de l'In-Vingt-Quatre 1ᵉ et 2ᵉ forme.

Pl. XII.

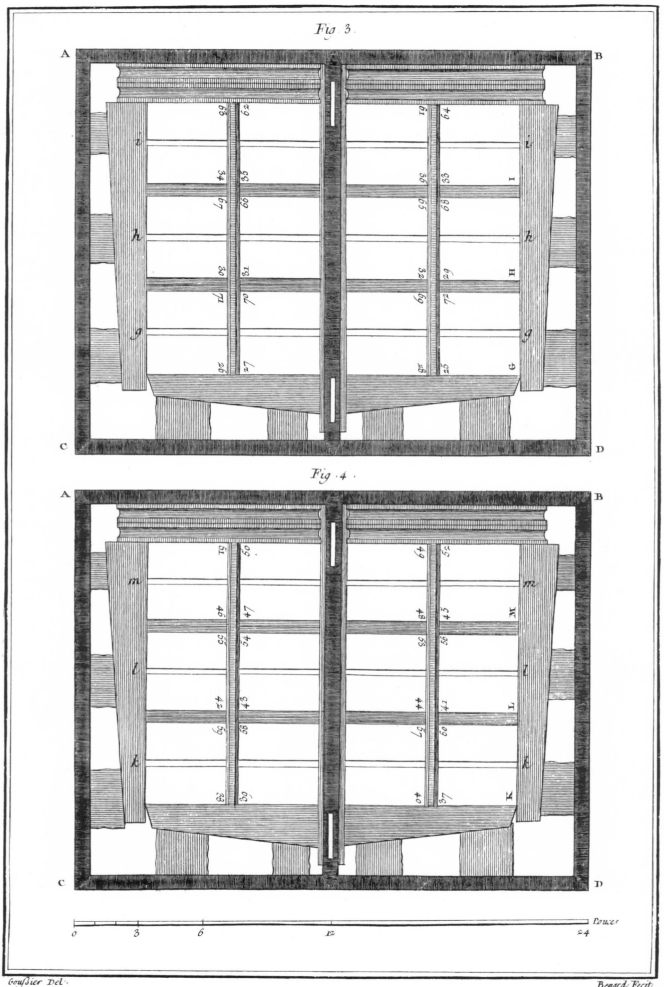

Fig. 3.

Fig. 4.

Imprimerie, Imposition de l'In-Vingt-Quatre, 3ᵉ et 4ᵉ formes.

Pl. XIII

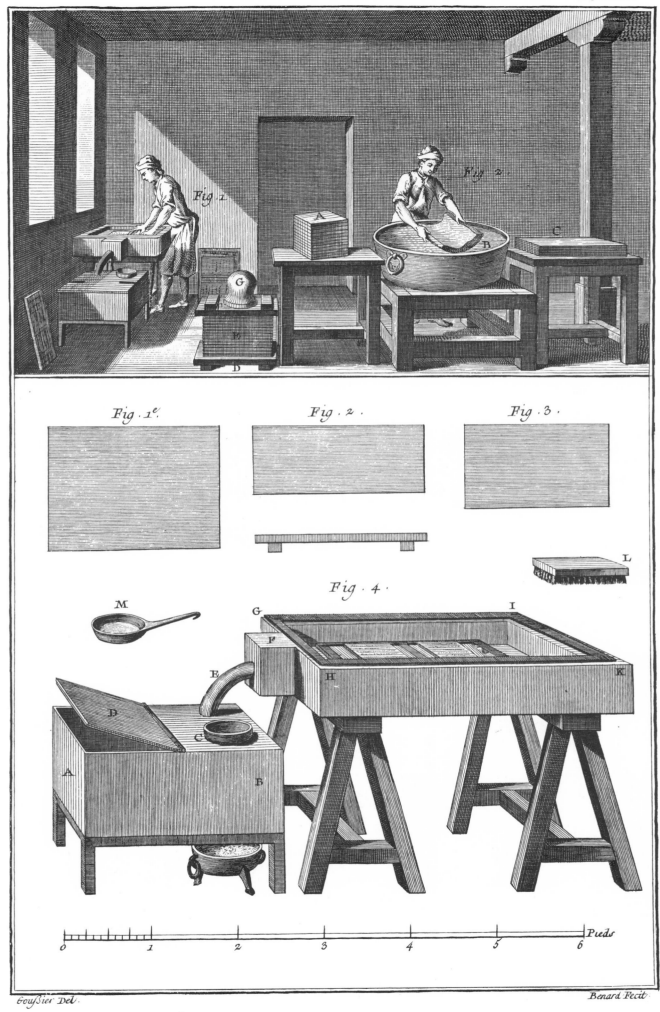

Goussier Del.

Benard Fecit.

Imprimerie, Tremperie et Lavage des Formes.

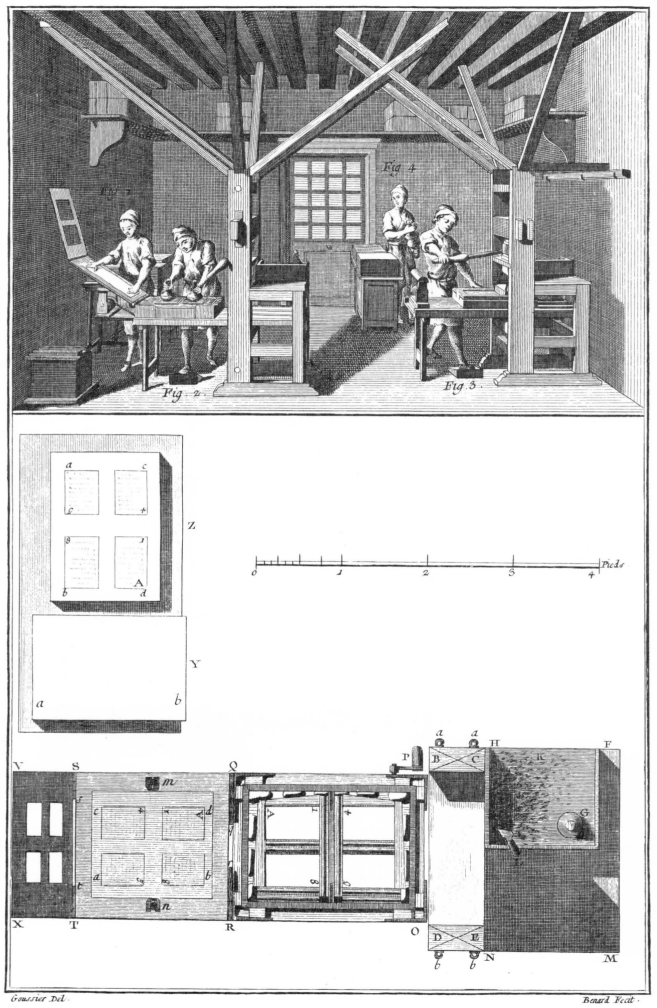

Pl. XIV.

Fig. 1.

Fig. 4.

Fig. 2.

Fig. 3.

Z

Y

A

a

b

0   1   2   3   4   Pieds

Goussier Del.

Benard Fecit.

Imprimerie, L'Opération d'Imprimer et Plan de la Preſſe.

Pl. XV.

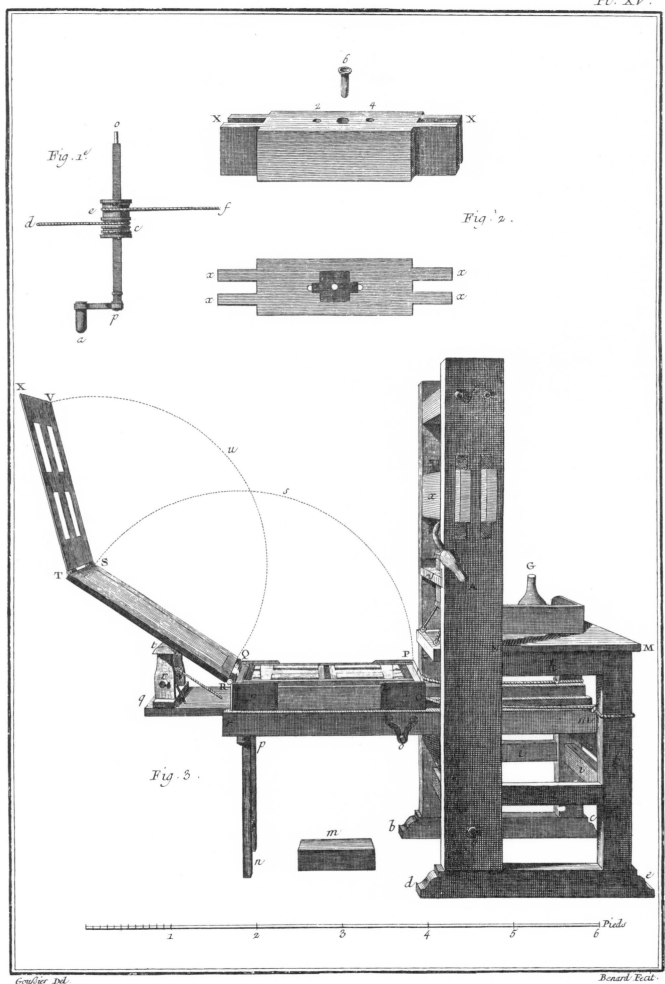

Fig. 1.ʳ

Fig. 2.

Fig. 3.

Gouſſier Del.

Benard Fecit.

Imprimerie, Preſſe vue par le côté du dehors.

Pl. XVI.

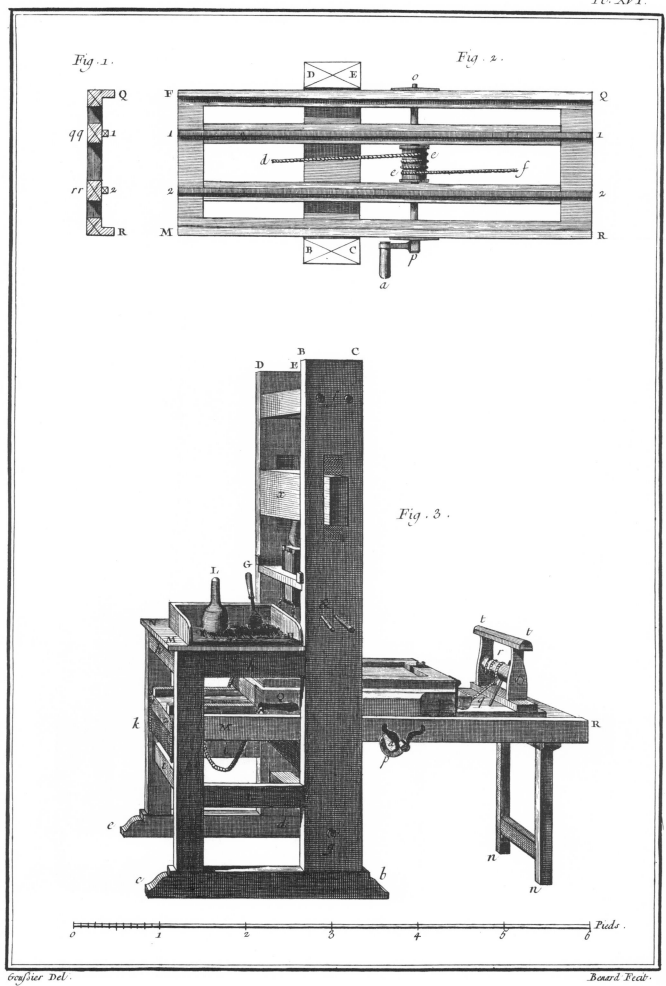

Fig. 1.

Fig. 2.

Fig. 3.

Goussier Del.

Benard Fecit.

Imprimerie, Presse vue par le côté du dedans.

Pl. XVII.

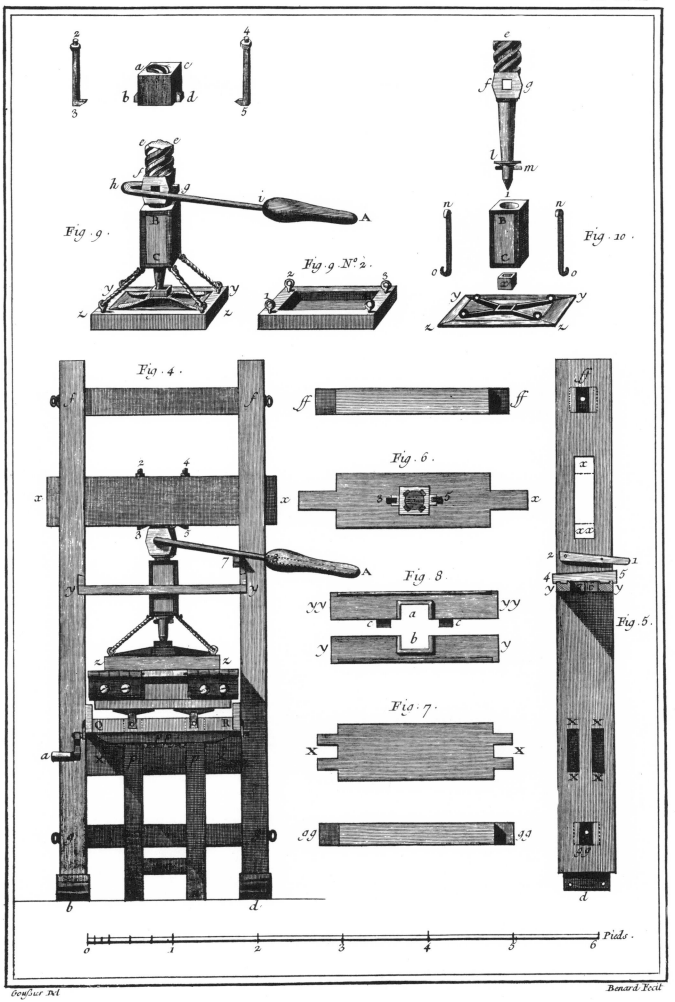

Fig. 9.

Fig. 9. Nº 2.

Fig. 10.

Fig. 4.

Fig. 6.

Fig. 8.

Fig. 7.

Fig. 5.

Pieds.

Gousier Del.

Benard Fecit.

Imprimerie, Développemens de la Preße.

Pl. XLIII.

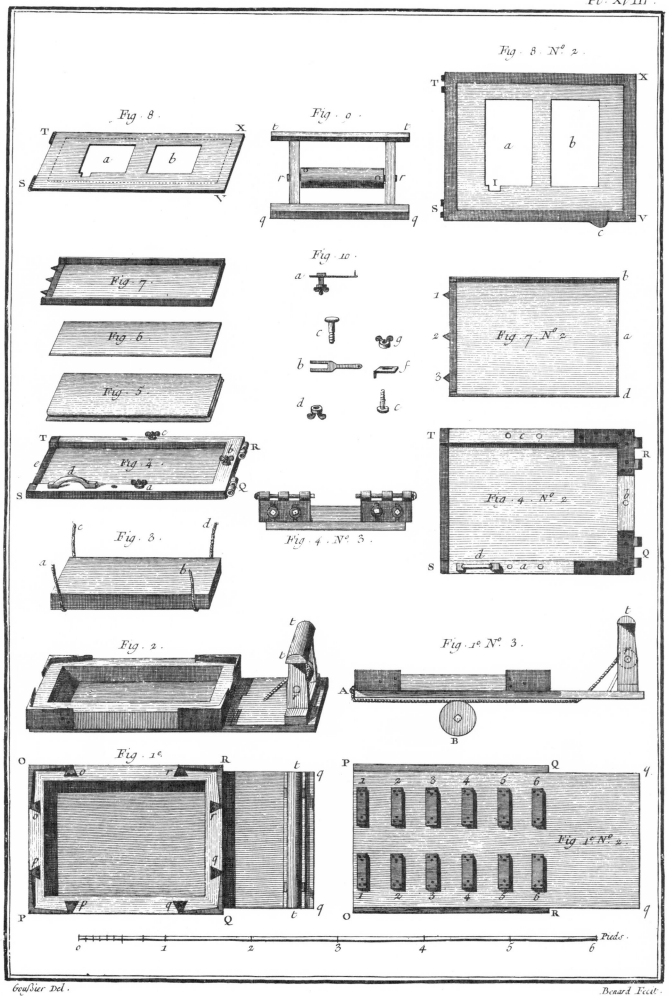

Fig. 8. Nº 2.

Fig. 8.

Fig. 0.

Fig. 10.

Fig. 7.

Fig. 7. Nº 2.

Fig. 6.

Fig. 5.

Fig. 4.

Fig. 4. Nº 2.

Fig. 3.

Fig. 4. Nº 3.

Fig. 2.

Fig. 1ᵉ. Nº 3.

Fig. 1ᵉ.

Fig. 1ᵉ. Nº 2.

Pieds.

Goussier Del.

Benard Fecit.

Imprimerie, Preſſe; Développements du Train de la Preſſe.

Pl. XIX.

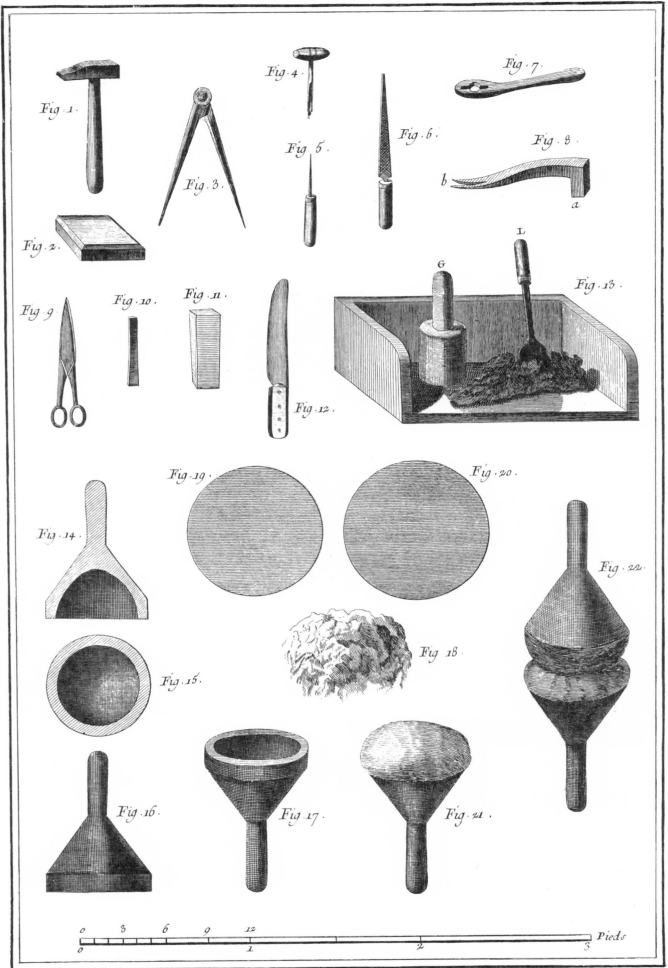

Imprimerie, *Presse, ustensiles et Outils.*

Goussier Del.

Benard Fecit.

RELIEUR,

CONTENANT SIX PLANCHES.

PLANCHE Iere.

LE haut de cette Planche repréſente un attelier de relieur, où pluſieurs ouvriers ſont occupés, l'un en *a*, à battre les reliures; une ouvriere en *b*, appellée *couſeuſe* ou *brocheuſe*, à coudre ou brocher un livre; un autre ouvrier en *c*, à couper la tranche ſur la preſſe; un autre en *d*, à ſerrer la grande preſſe: le reſte de l'attelier eſt employé à divers ouvrages de reliure.

Fig. 1 Marbre à battre. A, le marbre. B, le billot.
2. Billot du marbre à battre. AA, l'entaille.
3. Marteau à battre. A, la tête acérée. B, le manche.
4. Table à brocher. AA, le deſſus de la table. BB, la mortoiſe. CC, les piés. DD, les vis du couſoir. E, la barre. FF, les fils.
5. & 6. Pelottes de fil à coudre les livres.
7. La barre du couſoir. A, la partie arrondie. BB, les écrous.
8. & 9. Figure du couſoir. AA, les vis. BB, les pivots.
10. & 11. Les viroles des vis du couſoir.
12. Temploie. AA, les échancrures.
13. & 14. Grand & petit plioir.

PLANCHE II.

Fig. 1. Preſſe à rogner. AA, le banc de la preſſe. BB, la preſſe.
2. 3. 4. & 5. Montant du banc de la preſſe. AA, &c. les tenons. BB, &c. les mortoiſes.
6. & 7. Traverſe du haut du banc de la preſſe.
8. 9. 10. & 11. Pieces de long du banc de la preſſe. AA, &c. les tenons. BB, &c. les rainures. CC, les mortoiſes.
12. 13. 14. & 15. Traverſe du banc de la preſſe. AA, &c. les tenons. BB, &c. les rainures.
16. & 17. Panneau de côté du banc de la preſſe.
18. & 19. Entre-toiſes des pieces de long. AA, &c. les tenons.
20. 21. 22. & 23. Petits panneaux de long du banc de la preſſe.
24. Preſſe à rogner. AA, &c. les jumelles. BB, les vis. CC, les tringles de conduite. DD, la tringle à traîner. E, le fût.
25. Jumelle de devant. AA, les trous des vis. BB, les trous des conduits.
26. Jumelle de derriere. AA, les écrous des vis. BB, les trous de conduite.
27. Tringle à traîner.
28. & 29. Conduits de la preſſe.
30. & 31. Vis de la preſſe. AA, les vis. BB, les têtes. CC, les manivelles.

PLANCHE III.

Fig. 1. Fût de la preſſe. A, le ſabot de devant. B, le ſabot de derriere. C, la vis. DD, les conduits. E, le boulon du couteau.
2. Sabot de derriere. A, le trou de l'écrou. BB, les trous de conduite. C, l'échancrure à traîner.
3. Sabot de devant. A, le trou de la vis. BB, les trous des conduits. C, l'entaille du couteau.
4. Vis. A, la vis. B, le manche.
5. & 6. Conduits.
7. Couteau à rogner. A, la pointe tranchante. B, l'œil.
8. Boulon du couteau à rogner. A, la tête. B, la tige. C, la vis.
9. Ecrou du boulon. AA, les oreilles.
10. Clé de l'écrou du boulon. A, l'œil. B, le manche.
11. & 12. Ais à endoſſer ou à fouetter.
13. Livre endoſſé. A, le livre. BB, les ais.
14. Livre fouetté. A, le livre. BB, les ais.
15. Forces. AA, les taillans. BB, les anneaux.

16. Ciſeaux. AA, les taillans. BB, les anneaux.
17. Regle à couper le carton entier. A, la main.
18. Couteau à parer les peaux. A, le couteau. BB, les manches.
19. Regle ou tringle à rabaiſſer.
20. Scie appellée *grecque*. A, la ſcie. B, le manche.
21. Grattoir. AA, les taillans.
22. Fer à polir. A, le fer. B, le manche.
23. Couteau à parer. A, le taillant. B, le manche.
24. Pointe. A, la pointe. B, le manche.
25. Douve ou planche à ratiſſer les peaux. AA, la partie convexe.
26. Pierre à parer.
27. & 28. Frottoirs. AA, &c. les dents.

PLANCHE IV.

Fig. 1. Grande preſſe. AA, les jumelles. B, la vis. C, le plateau ſervant d'écrou. D, le plateau immobile ſervant d'appui. E, le plateau mobile. F, les livres en preſſe entre ais. G, le petit plateau. H, le levier.
2. & 3. Jumelles. AA, &c. les mortoiſes. BB, les piés. CC, les rainures.
4. Vis. A, la vis. B, la tête. CC, les trous. D, le touret.
5. Petit plateau. A, le trou du touret de la vis.
6. & 7. Ais à preſſer.
8. Plateau mobile. AA, les tenons de conduite.
9. Levier de la preſſe.
10. Plateau ſervant d'écrou. AA, la hauſſe. B, le trou de l'écrou. CC, les tenons.
11. Plateau ſervant d'appui. AA, les tenons.
12. Preſſe à main. AA, les jumelles. BB, les vis. CC, les conduits. DD, les livres en preſſe entre ais.
13. Jumelle de derriere. AA, les écrous. BB, les trous de conduite.
14. Jumelle de devant. AA, les trous des vis. BB, les trous des conduits.
15. & 16. Petit ais à preſſer.
17. & 18. Tringle de conduite de la preſſe à main.
19. & 20. Vis. AA, les vis. BB, les têtes.

PLANCHE V.

Le haut de cette Planche repréſente un attelier de relieur - doreur, où pluſieurs ouvriers ſont occupés; l'un en *a*, à dorer ſur tranche; un autre en *b*, à pouſſer la roulette ſur le plat d'un volume; près de lui eſt le fourneau à faire chauffer les fers: une ouvriere en *c*, à coucher l'or ſur le dos des volumes.

Fig. 1. Table à dorer ſur les livres. AA, le deſſus. BB, les piés.
2. Couſſin à dorer. AA, les deſſus. BB, les bords. C, petit livret rempli de feuilles d'or. D, feuille d'or coupée.
3. Petite couſſin à dorer ſur tranche. A, le deſſus. BB, les bords.
4. Fourneau ſervant à chauffer les fers à dorer. A, le cendrier. B, la grille. CC, les bords. DD, les piés.
5. Preſſe à dorer ſur tranche. AA, les jumelles. BB, les vis. CC, les livres preſſés entre ais.
6. Jumelle de derriere. AA, le trou des écrous.
7. Jumelle de devant. AA, les trous des vis.
8. & 9. Vis de la preſſe à dorer. AA, les vis. BB, les têtes.
10 Petit livret rempli de feuilles d'or. A, la feuille d'or.
11. Petit pot au blanc d'œuf. A, le pot. B, le pinceau.
12. & 13. Ais à dorer.
14. Baquet à mettre ſous la preſſe à dorer, pour recevoir l'eau qui en tombe.

PLANCHE VI.

Fig. 1. Preſſe à appliquer les armes. A A, les jumelles, B, la vis. C, le plateau ſervant d'écrou. D, le plateau mobile. E, le plateau à queue ſervant d'appui. F, le petit plateau. G, le levier. H, le livre, dont un des côtés en preſſe. I, le couchoir. K, l'armoire remplie de couchoirs, roulettes, fers, & autres inſtrumens à dorer.

2. & 3. Jumelles de la preſſe. A A, &c. les mortoiſes. B B, les piés. C C, les entailles à queues. D D, les rainures.

4. Plateau ſervant d'écrou. A A, la hauſſe. B, le trou de l'écrou. C C, les tenons.

5. Plateau mobile. A A, les tenons.

6. Vis de la preſſe. A, la vis. B, la tête. C C, les trous. D, le touret.

7. Petit plateau. A, le trou du touret de la vis.

8. Levier de la preſſe.

9. Plateau à queues. A A, les tenons. B B, les queues.

10. & 11. Plateaux de deſſus & du deſſous de l'armoire. A A, &c. les tenons.

12. Regle à couteau pour couper l'or.

13. Regle ſimple.

14. Couteau à couper l'or. A, le fer. B, le manche.

15. Pinces à lever & tranſporter l'or. A, la tête. B, les branches.

16. Dent de loup à brunir. A, la dent. B, le manche.

17. Autre dent d'acier poli. A, la dent. B, le manche.

18. Roulette à dorer. A, la roulette. B, la moufle. C, la tige. D, le manche.

19. 20. & 21. Fleurons & coins à dorer. A A, &c. les fers. B B, &c. les tiges. D D, &c. les manches.

22. & 23. Lettres d'alphabet à dorer. A A, les fers. B B, les tiges. C C, les manches.

24. Palette à queue. A, la palette. B, la tige. C, le manche.

25. Palette ſimple. A, la palette. B, la tige. C, le manche.

26. Racloir à deux têtes. A, le racloir. B, la tige. C, le manche.

27. Couchoir pour les armes. A, le couchoir. B, le tenon.

28. Deſſein d'armes ſemblables à celles que l'on applique ſur le dos des livres.

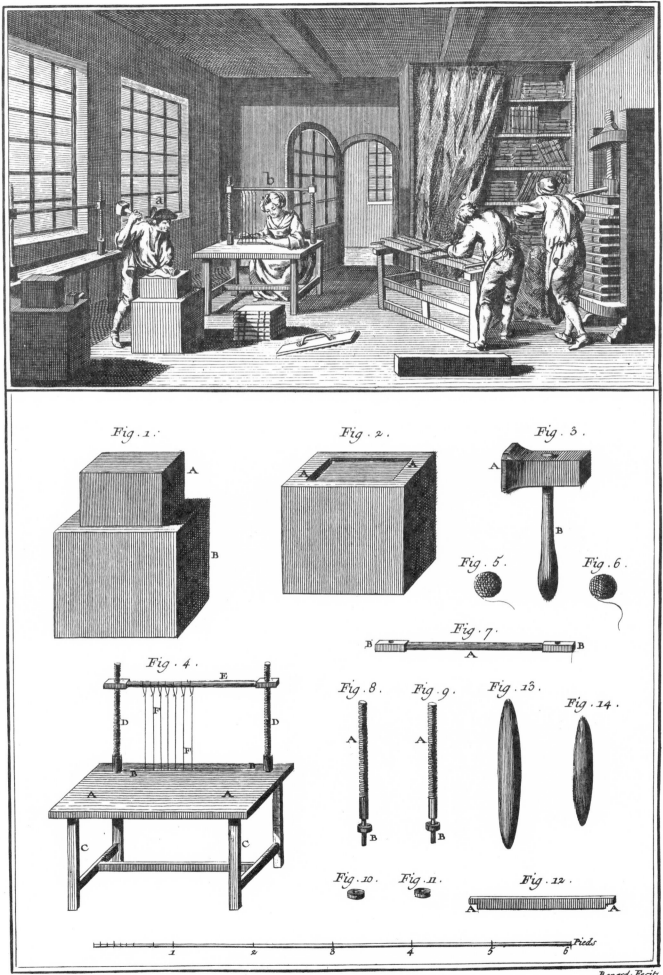

Pl. I.

Fig. 1. Fig. 2. Fig. 3.

Fig. 5. Fig. 6.

Fig. 7.

Fig. 4.

Fig. 8. Fig. 9. Fig. 13. Fig. 14.

Fig. 10. Fig. 11. Fig. 12.

Pieds

Lucotte Del. Benard Fecit.

Relieur.

Pl. II.

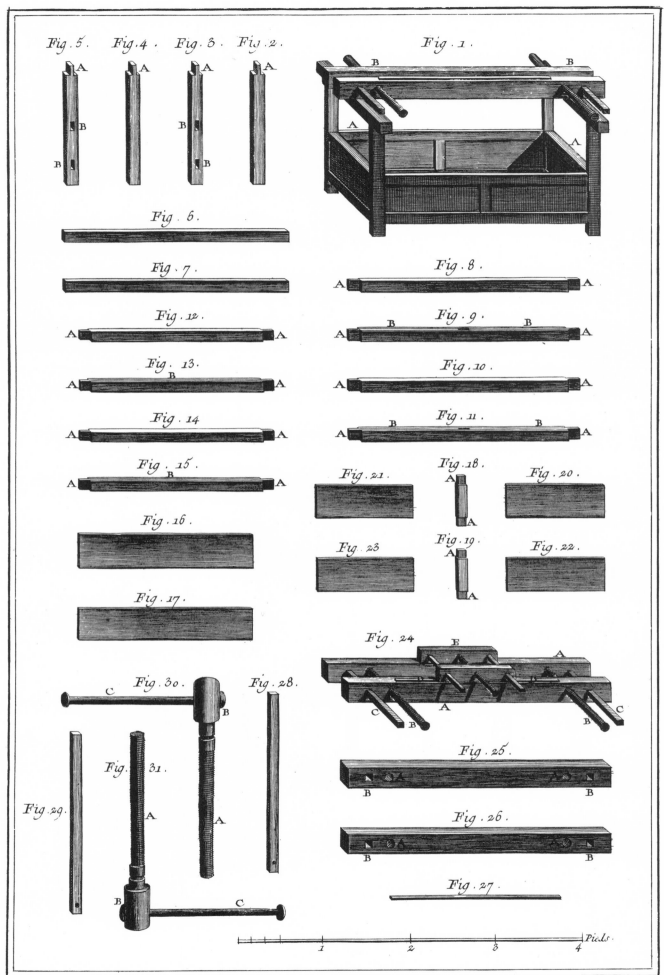

Fig. 5.   Fig. 4.   Fig. 3.   Fig. 2.   Fig. 1.

Fig. 6.

Fig. 7.   Fig. 8.

Fig. 12.   Fig. 9.

Fig. 13.   Fig. 10.

Fig. 14.   Fig. 11.

Fig. 15.   Fig. 21.   Fig. 18.   Fig. 20.

Fig. 16.   Fig. 23.   Fig. 19.   Fig. 22.

Fig. 17.

Fig. 24.

Fig. 30.   Fig. 28.   Fig. 25.

Fig. 31.   Fig. 26.

Fig. 29.   Fig. 27.

Piels.
1   2   3   4

Tucotte Del.   Benard Fecit.

Relieur, Presse a Rogner et Developpemens.

Pl. III.

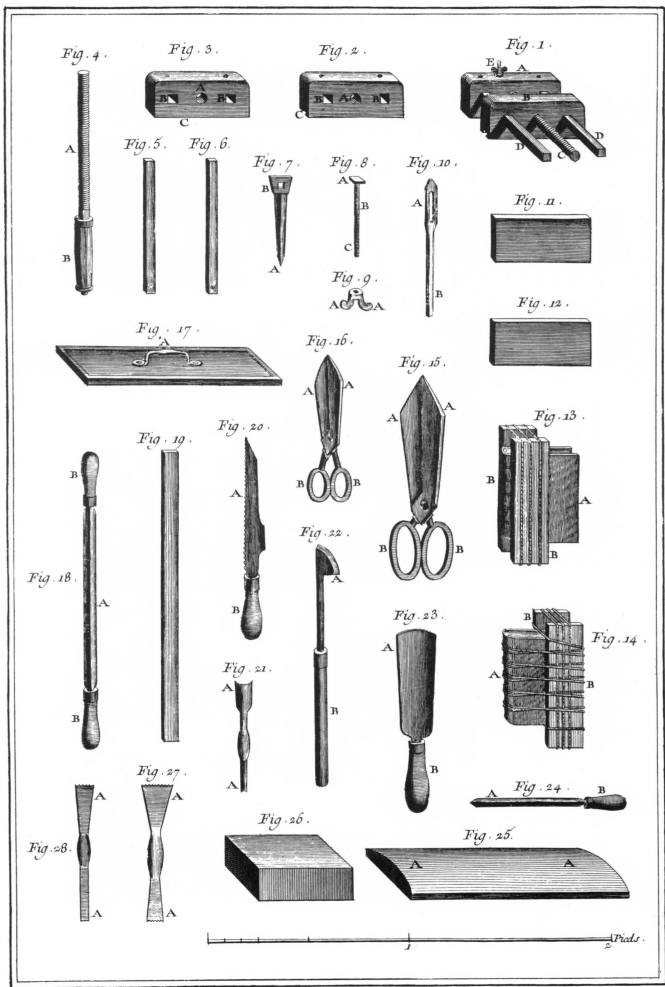

Fig. 4. Fig. 3. Fig. 2. Fig. 1. Fig. 5. Fig. 6. Fig. 7. Fig. 8. Fig. 10. Fig. 11. Fig. 9. Fig. 12. Fig. 17. Fig. 16. Fig. 15. Fig. 13. Fig. 19. Fig. 20. Fig. 18. Fig. 22. Fig. 14. Fig. 21. Fig. 23. Fig. 24. Fig. 27. Fig. 28. Fig. 26. Fig. 25.

Pieds.

Lucotte Del.

Benard Fecit.

Relieur.

Pl. IV.

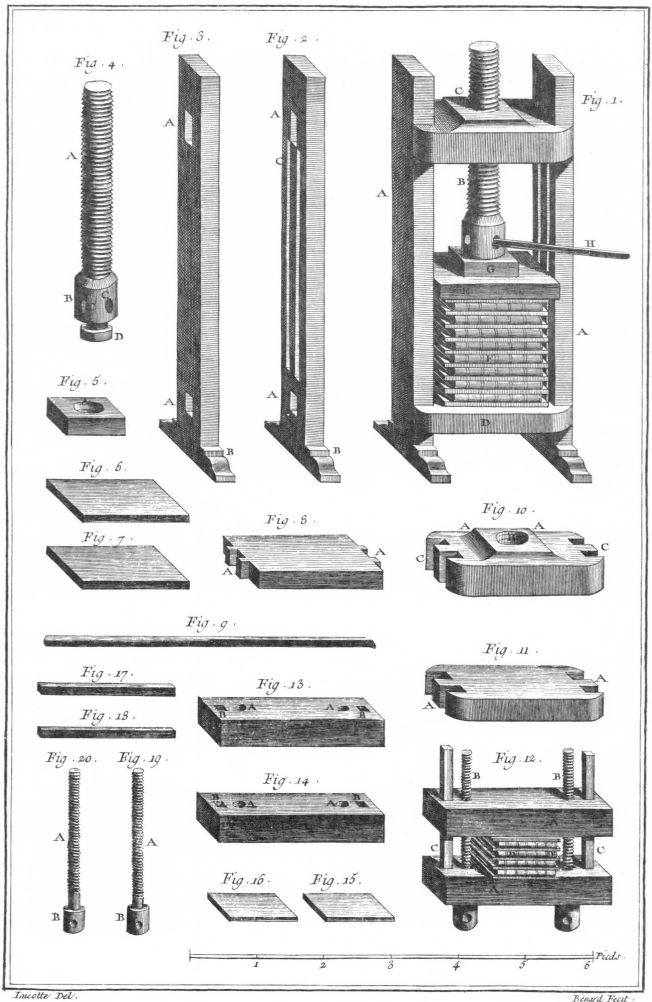

Fig. 4. Fig. 3. Fig. 2. Fig. 1. Fig. 5. Fig. 6. Fig. 7. Fig. 8. Fig. 10. Fig. 9. Fig. 17. Fig. 13. Fig. 11. Fig. 18. Fig. 20. Fig. 19. Fig. 12. Fig. 14. Fig. 16. Fig. 15.

Picds.

Lucotte Del.

Benard Fecit.

Relieur, Preße et Développemens.

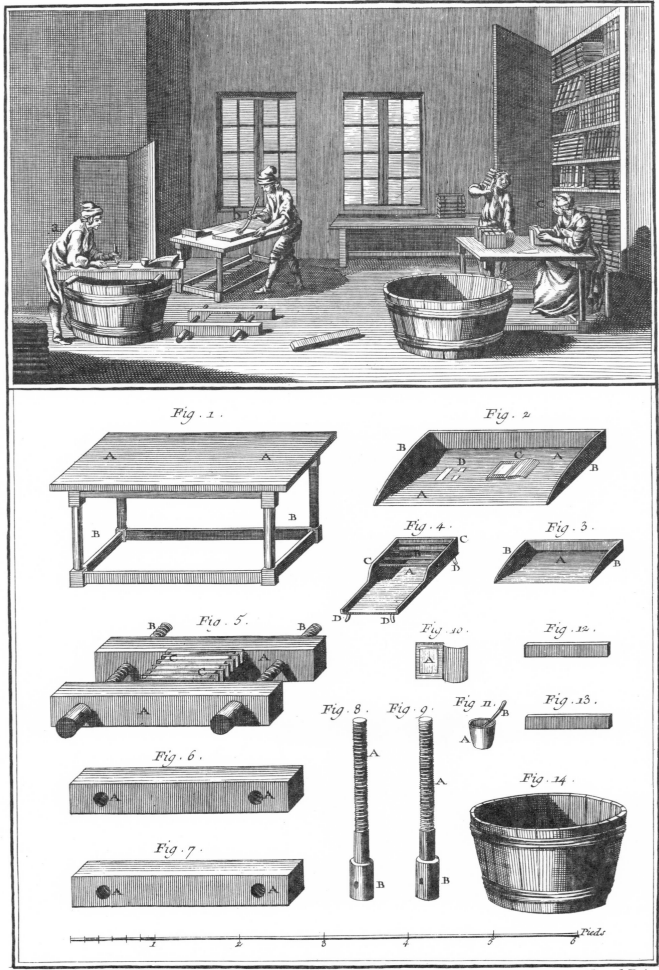

Pl. V.

Fig. 1.

Fig. 2.

Fig. 4.

Fig. 3.

Fig. 5.

Fig. 10.

Fig. 12.

Fig. 6.

Fig. 8.

Fig. 9.

Fig. 11.

Fig. 13.

Fig. 7.

Fig. 14.

Pieds.

1   2   3   4   5   6

Lucotte Del.

Benard Fecit.

Relieur Doreur.

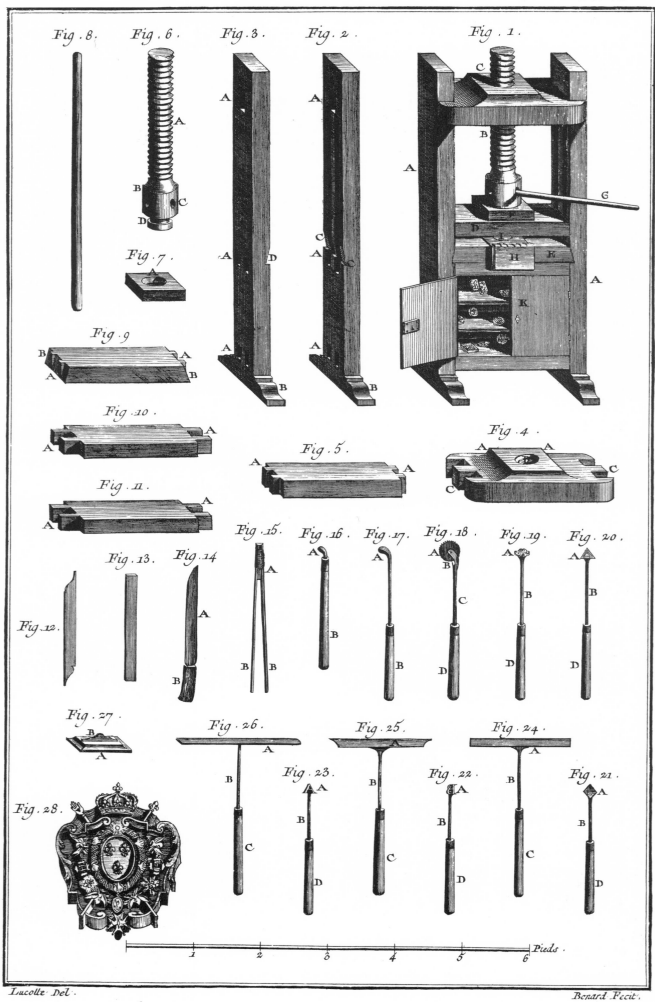

Pl. VI.

Fig. 8. Fig. 6. Fig. 3. Fig. 2. Fig. 1.

Fig. 7.

Fig. 9.

Fig. 10.

Fig. 5.

Fig. 4.

Fig. 11.

Fig. 12. Fig. 13. Fig. 14. Fig. 15. Fig. 16. Fig. 17. Fig. 18. Fig. 19. Fig. 20.

Fig. 27. Fig. 26. Fig. 25. Fig. 24.

Fig. 28. Fig. 23. Fig. 22. Fig. 21.

Pieds.
1   2   3   4   5   6

Lucotte Del.   Benard Fecit.

Relieur Doreur, Presse, Développemens et Outils.

IMPRIMERIE EN TAILLE·DOUCE,

CONTENANT DEUX PLANCHES.

PLANCHE Iere.

LA vignette repréſente l'intérieur de l'attelier où on imprime. Cet attelier qui eſt une chambre ordinaire, porte auſſi le nom d'imprimerie, qui ſembleroit ne devoir convenir qu'à la profeſſion qu'on y exerce.

Fig. a Imprimeur occupé à encrer une Planche avec le tampon. La Planche gravée eſt poſée ſur un gril, ſous lequel eſt une poële de fonte qui contient du feu.

b Second Imprimeur qui eſſuie la Planche gravée pour qu'il ne reſte de noir que dans les tailles. Cette opération ſe fait ſur la table de bois qui recouvre le coffre qui eſt à gauche de l'Imprimeur, l'encrier étant à ſa droite & le gril entre deux. Ce coffre renferme le marbre & la molette pour broyer le noir de fumée qui avec l'huile compoſe l'encre.

1. La preſſe en perſpective ſelon l'ancienne conſtruction. A B patin. C D jumelle. I K jambettes. L vis qui retient la traverſe inférieure, dans la mortoiſe de la jumelle deſtinée à la recevoir: dans les preſſes de la nouvelle conſtruction, il y a deux vis & deux mortoiſes, comme on voit *fig.* 6. & *fig.* 6 n°. 2. de la Planche ſuivante.

2. Imprimeur qui fait tourner le moulinet ou croiſée de la preſſe, pour imprimer la feuille de papier qui eſt ſur la Planche gravée & recouverte des langes, en faiſant paſſer le tout entre les rouleaux de la preſſe.

3. Table de l'Imprimeur recouverte d'un ais ſur lequel il poſe les eſtampes à meſure qu'elles ſont imprimées. Le papier blanc eſt ſur un ais ſemblable qui eſt placé ſur le ſommier de la preſſe.

Bas de la Planche.

4. Repréſentation plus en grand & en perſpective de la table de l'Imprimeur. E l'encrier poſé en pente ſur une calle de bois; on y voit le tampon qui ſert à appliquer le noir dans les tailles de la Planche gravée; l'encrier eſt placé à droite de l'Imprimeur. G eſt le gril ſous lequel eſt une poële qui contient un feu doux. T eſt la table à eſſuyer; cette table ſert de couvercle au coffre qui contient le marbre & la molette qui ſervent à broyer l'encre. Cette table eſt à gauche de l'Imprimeur.

5. Le coffre dont il vient d'être parlé repréſenté ouvert & en perſpective pour laiſſer voir le marbre & ſa molette qui y ſont renfermés.

6. Poële à feu qui ſe place ſous le gril.

7. Le gril en perſpective & vu du côté de l'Imprimeur.

PLANCHE II.

Fig. 5. Elévation géométrale de la preſſe vue par une de ſes extrêmités, & garnie de la croiſée au moyen de laquelle on fait tourner le rouleau ſupérieur.

6. Profil de la preſſe de nouvelle conſtruction. Les jumelles ſont plus larges que dans l'ancienne; & au lieu des jambettes I K de la *fig.* 1. on a ſubſtitué deux colonnes *g h*, qui avec les anciennes G H ſoutiennent les bras O F de la preſſe. La partie inférieure de la jumelle C D eſt terminée par deux tenons qui ſont reçus dans les mortoiſes du patin A B, & l'entre-toiſe inférieure O P & le ſommier H H *fig. précédente*, ſont fixés chacun à chaque jumelle par deux vis que l'on voit en L L & en D.

6. n°. 2. Une des deux jumelles vue par le côté intérieur. C les deux tenons qui s'aſſembleut dans les patins. D mortoiſes en queue d'aronde, qui reçoivent les tenons de même forme du ſommier. Au-deſſous d'*y* & de *z* ſont les deux mortoiſes qui reçoivent les tenons de l'entretoiſe inférieure. P O, *fig.* 5. les ouvertures *v x s y x z* ſont figurées à l'ancienne maniere. Dans la nouvelle conſtruction on ſupprime la partie *x*, en ſorte que les deux ouvertures n'en ſont qu'une ſeule, comme on voit dans la *figure précédente*.

7. Rouleau ſupérieur; un de ſes tourillons eſt terminé par un quarré, qui eſt reçu dans le trou de la croiſée ou moulinet, *fig.* 10.

8. Rouleau inférieur, dont le diametre eſt plus conſidérable que celui du rouleau de deſſus.

9. Elévation géométrale & repréſentation perſpective des boîtes qui reçoivent les tourillons des rouleaux, des hauſſes & des calles qui ſervent à les ſerrer contre le fond des entailles des jumelles.

10. La croiſée repréſentée en plan. Le centre eſt fortifié des deux côtés par une planche quarrée, le fil du bois de l'une croiſe le fil du bois de l'autre, pour donner à cet aſſemblage la plus grande ſolidité.

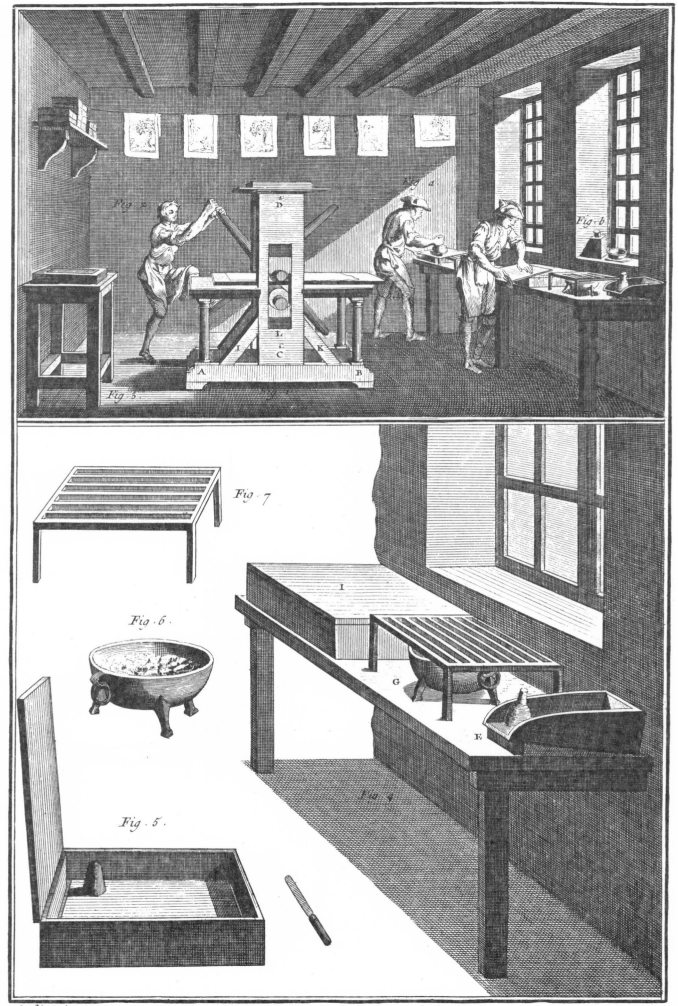

Pl. I.

Fig. 1

Fig. 2

Fig. 3

Fig. a

Fig. b

Fig. 7

Fig. 6

Fig. 5

Fig. 4

Goussier Del.

Benard Fecit.

Imprimerie en Taille Douce.

Pl. II.

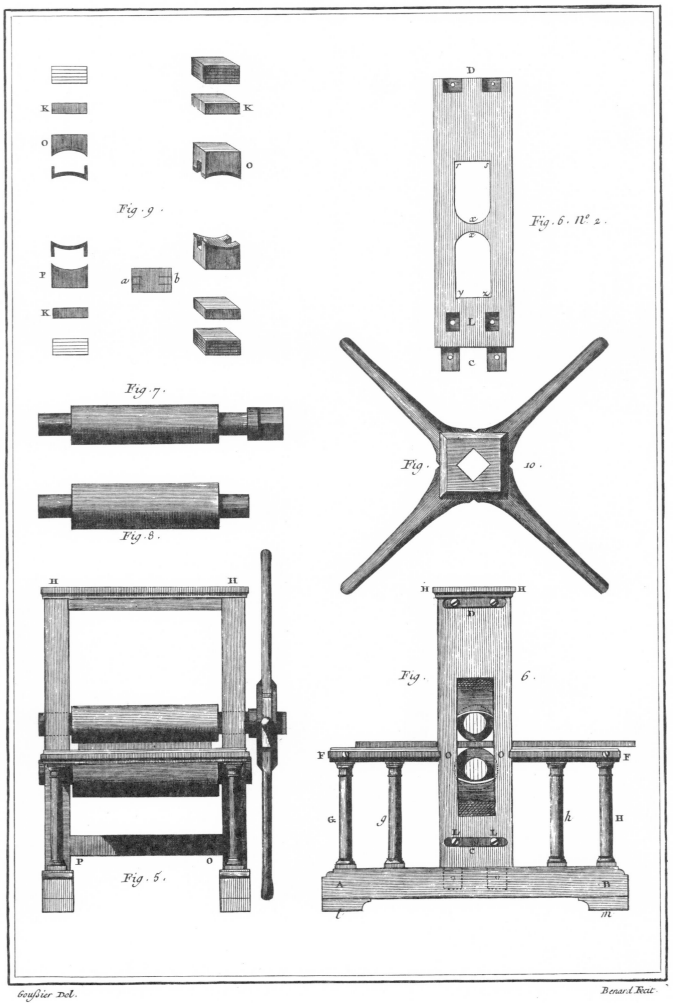

Fig. 9.

Fig. 6. Nº 2.

Fig. 7.

Fig. 10.

Fig. 8.

Fig. 6.

Fig. 5.

Goussier Del.

Benard Fecit.

Imprimerie en Taille Douce, Développement de la Presse.

MARBREUR DE PAPIER.

PLANCHE Iere.

Vignette.

Fig. 1. *a* Ouvrier qui paffe l'eau de gomme. *b* pinceau. *c* tamis. *d* baquet qui reçoit l'eau. *e* pot à beurre qui contient de la gomme détrempée.

2. *a* Ouvrier qui broie des couleurs. *b* l'établi. *c* la pierre. *d* la molette. *e* la ramaffoire de cuir.

3. *a* Ouvrier qui jette les couleurs. *b* fon pinceau chargé de couleurs. *c* le baquet. *d* le trépié qui foutient le baquet.

4. *a* Ouvrier occupé à faire des frifons. *b* fon peigne. *c* le baquet. *d* le trépié.

5. *a* Ouvrier qui applique une feuille de papier fur la furface de l'eau pour la marbrer. *b* la feuille de papier. *c* le baquet.

6. *a* Chaffis pofés l'un fur l'autre, qui égouttent fur un cuvier. *b* corde qui les retient. *c* barre de bois qui foutient les chaffis, & à laquelle la corde fe rend. *d* cuvier qui reçoit les égouttures. On peut faire égoutter en plaçant les chaffis comme on le verra dans la *fig.* 7.

7. *a b* Plufieurs chaffis pofés l'un fur l'autre pour égoutter, & placés dans deux chaffis affemblés à angle, dont on verra le développement au bas de la Planche II. en X. *c d* rigole qui reçoit les égouttures. *d d d* piés de l'égouttoir. *e* pot à égouttures. *f* feuille marbrée qui égoutte fur le chaffis. On voit par terre en *g* un de ces chaffis. *h* tréteau fur lequel on voit plufieurs feuilles de papier deftinées à être marbrées.

Bas de la Planche.

A petit baquet & fon plan A au-deffous. *a* grand baquet pour le *montfaucon*, avec fon plan *a* au-deffous. *b* pot à beurre pour faire tremper la gomme. B mouvette ou fpatule. *c* tamis pour paffer l'eau. D broffe ou gros pinceau pour paffer l'eau. *d d d d* pinceaux de différentes groffeurs pour jetter les couleurs. *e e e e* peignes de différentes façons. 1 plan du peigne *e*. 2 peigne à faire le papier commun ou à frifons ou à fleurons. 3 peigne pour l'yon & le grand *montfaucon*. 4 peigne pour le papier à placard. 5 peigne pour le perfillé fur le petit baquet. 6 peigne pour le perfillé fur le grand baquet. 7 peigne pour faire le papier dit *à peigne*. *f* pointe pour tracer différentes figures fur la furface des couleurs, & dont on fe fert dans la préparation du papier à peigne. *Voyez* Pl. II. *fig.* 11. n°. 1. un ouvrier qui s'en fert. *g g g* pots à couleurs avec leurs pinceaux *h*. H étendoir.

PLANCHE II.

Vignette.

Fig. 9. Ouvrier qui cire une feuille de papier marbré.

10. n°. 1. Liffoire & fa manœuvre. *a* fût de la machine. *b* piece qui prend le caillou. *c c* poignée de la liffoire. *d* la feuille de papier. *e* planche qui fait reffort. *f* pierre ou marbre à liffer. *g* bâti qui foutient le marbre. *h* ouvrier qui liffe.

10. n°. 2. *a* Ouvrier à l'établi occupé à plier le papier. *b* les feuilles qu'il plie. *c* le plioir. *d* tas de feuilles étendues fur l'établi. *e* tas de feuilles pliées.

11. n°. 1. *a* Ouvrier avec fa pointe occupé à la préparation du papier à peigne. *b* la pointe. *c* le baquet.

11. n°. 2. Marbreur de livres. *a* ouvrier qui tient deux ou trois volumes dont il a relevé les couvertures ; il applique la tranche fur la furface de l'eau. *b* les livres. *c* le baquet.

Bas de la Planche.

i i i i, 1 chaffis pour faire égoutter les feuilles. *i i i i* autre chaffis fait de lattes au lieu de ficelles. *k* pierre à broyer. *l* molette. *m* ramaffoire de cuir pour les couleurs fur la pierre. M couteau pour ramaffer auffi les couleurs fur la pierre. *n*, N ramaffoires pour les couleurs qui reftent fur la furface de l'eau, après qu'on a enlevé la feuille de papier. O baquet plein d'eau avec des couleurs jettées deffus. *o* établi fur lequel on voit auffi des pots à couleurs. *p* pierre à liffer. *q* liffoire de verre. Q liffoire qu'on voit toute montée dans la vignette. *s s* poignées de la liffoire. *t* caillou. *u* partie du fût qui s'emboîte dans la piece Q. *r* plioir de buis ou d'ivoire. X développement de la *fig.* 7. Pl. I. 1, 2, 3, 4, 5, deux chaffis affemblés à angle par des couplets aux points marqués 3 & 4. 6 & 6 plufieurs chaffis l'un fur l'autre de chaque côté, pour faire égoutter les feuilles de papier qui font entre chacun d'eux. 7 7 derriere des chaffis dont on voit les ficelles. 8 une feuille de papier étendue. 9, 9 deux cordes qui permettent de donner plus ou moins d'ouverture à l'angle 2, 4, 5, dans lequel on placera les chaffis, figurés en *i i i i*, l'un fur l'autre pour les faire égoutter, en mettant entre chacun une feuille de papier marbré. Le tout fe pofe fur un égouttoir, comme on voit *fig.* 7. Planche premiere.

Pl. I.

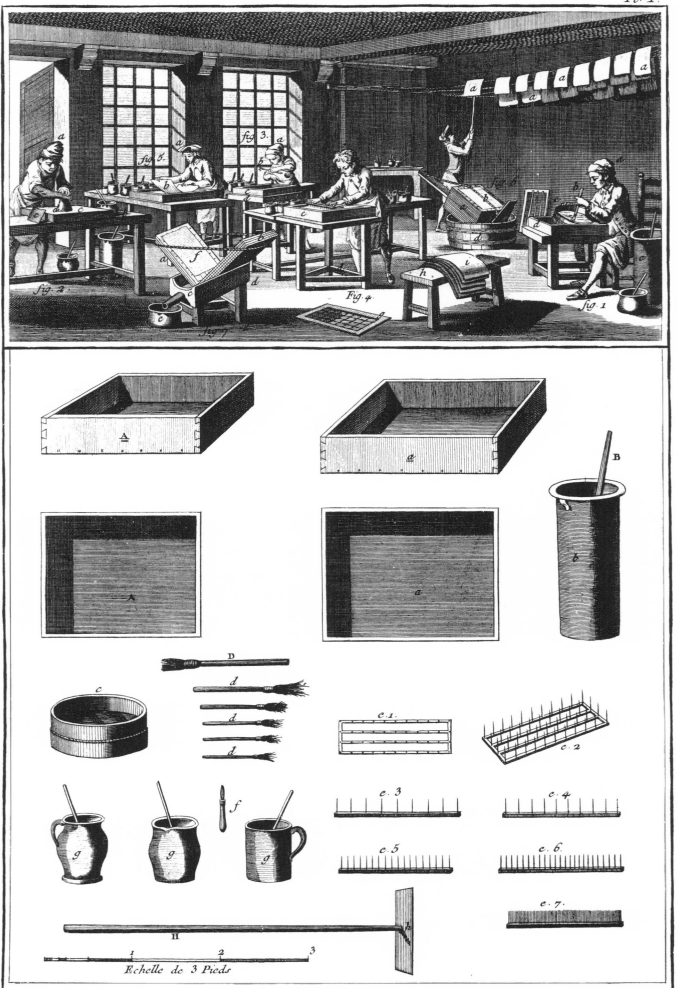

Echelle de 3 Pieds

Benard Fecit.

Marbreur de Papier

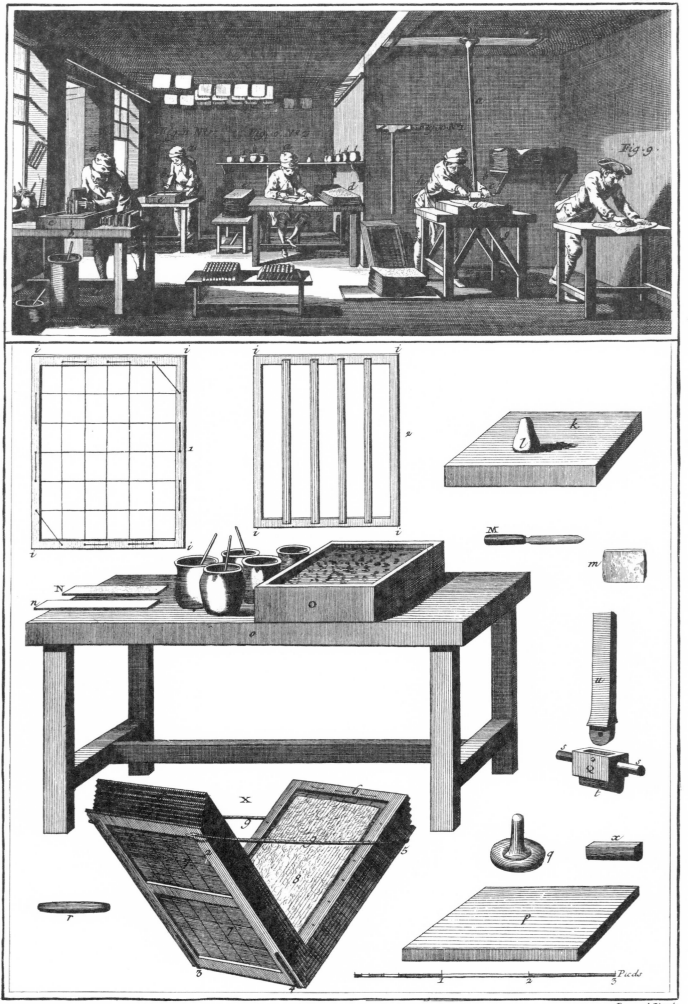

Pl. II.

Fig. 9.

Marbreur de Papier.

Benard Fecit.

Achevé d'imprimer
par MAME Imprimeurs à Tours
Dépôt légal : septembre 2001 (N° 01052208)